中文版

BASIC DAILY KOREAN 2

저자 **권민지, 김소현, 이소현**   감수 **허용**

한글파크

머리말

　<Basic Daily Korean 2>는 현재 대학의 한국어 교육 실정을 충분히 반영한 초급 단계의 외국인 학부생, 교환학생, 대학원생을 대상으로 한 통합형 한국어 교재입니다. <Basic Daily Korean 1>의 다음 단계의 교재로, 실생활에서 접할 수 있는 상황에 맞는 대화문과 활동으로 이루어져 있습니다. 한 학기 동안 학습자들이 재미있고 즐겁게 학습 내용과 활동을 수행할 수 있도록 구성되어 있습니다.

　이 교재는 집필진의 풍부한 학부 수업 경험을 바탕으로 학습자들의 요구를 적극 반영하였고 실제적으로 학습자들에게 가장 필요하고 유용한 주제와 내용을 선정하여 집필하였습니다. 또한 학습자의 수준과 현재의 교육 상황을 충분히 고려하여 각 과의 해당 주제와 내용에 맞게 실제 한국 사람들이 많이 사용하는 어휘, 문법, 표현을 담았습니다.

　이 책의 특징은 다음과 같습니다.
첫째, 이 교재는 학습자 중심의 여러 언어 기능이 통합된 말하기 활동들로 구성되어 있습니다. 다양하고 풍부한 학습활동으로 별도의 워크북이나 보충 자료 없이 이 교재 한 권만으로도 학습이 가능합니다.
둘째, 이 교재에서는 학습자들이 문법과 표현을 쉽게 접근하여 익힐 수 있도록 학습 내용을 시각화하였습니다.
셋째, 이 교재는 필수 어휘뿐만 아니라 최근 한국의 사회 문화적 변화를 반영한 고빈도 단어 중에서 초급 학습자들에게 필요한 실용적인 단어들을 엄선하여 수록하였습니다.
넷째, 이 교재는 자가 점검 및 메타 인지를 활용하여 학습 효과를 최대한 끌어올릴 수 있도록 하였습니다.
마지막으로 이 교재는 기초 단계에 필요한 학습 내용들이 단계적이고 체계적으로 구성되어 있어 한국어를 처음 가르치는 초보 교수자도 큰 어려움 없이 가르칠 수 있습니다.

　이 책을 완성하기까지 즐거운 경험의 연속이었습니다. 장시간 열정적인 토론과 논의를 통해 알찬 결실을 맺을 수 있었습니다. 한국어 학습자들에게 도움을 줄 수 있어 집필자들도 기쁩니다.
　본 교재를 꼼꼼히 감수해 주신 한국외국어대학교의 허용 교수님, 그리고 깔끔한 편집과 원활한 소통으로 교재의 완성도를 높여 주신 한글파크 관계자들께 특별히 감사의 마음을 전합니다.

집필진 일동

일러두기

<Basic Daily Korean 2>는 1~10과로 구성되어 있다. '어휘 → 문법 → 연습 → 듣기 → 말하기 → 활동 → 자가 점검'의 순으로 구성되어 있다.
실생활에서 가장 많이 접할 수 있는 상황들로 단원을 구성하였다.

단원 표지

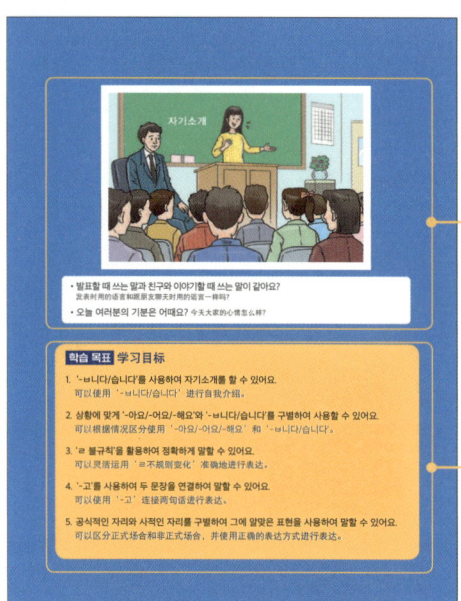

- 삽화의 내용 추측과 교사의 질문으로 해당 단원의 학습 내용을 알 수 있도록 하였다.
- 학습 목표를 분명하게 제시하였다.

PART1 어휘

- 어휘는 주제별 기본 어휘를 바탕으로 학생들의 이해를 돕기 위한 사진과 그림을 제시하였다.
- 학습 어휘는 주제별 단어를 제외한 해당 과 학습에 필요한 단어와 표현을 제시하였다.

PART2 문법

- 문법은 의미와 형태를 표로 정리하여 문법 정보를 쉽게 이해할 수 있도록 하였다.
- 학생들의 문법 오류를 방지하고자 TIP으로 해당 문법의 특이사항 및 유의점을 자세히 제시하였다.
- 모든 문법은 대화문으로 제시하여 해당 문법이 어떤 상황에 사용되는지를 알 수 있도록 하였다.

PART3 연습

실제 사용을 위해 대화문 속에 알맞은 문법을 정확히 사용하여 연습할 수 있는 문제들로 구성하였다.

PART4 듣기

일상에서 사용하는 자연스러운 대화들로 해당 과의 학습 내용을 다시 한 번 확인할 수 있도록 지문과 문제들을 구성하였다.

PART5 말하기

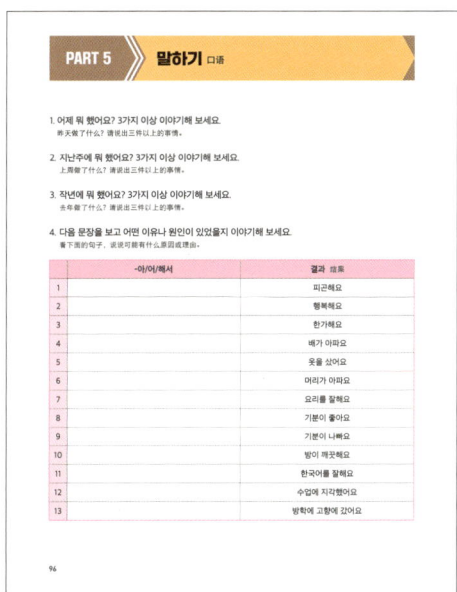

해당 과에서 배운 문법과 어휘를 사용하여 실제 상황에 적용할 수 있는 말하기 활동들로 구성하였다.

PART6 활동

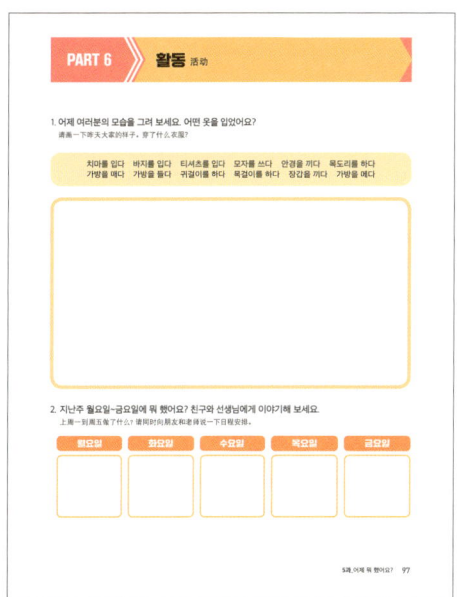

해당 과에서 학습한 내용을 바탕으로 학생들의 상호 작용을 극대화할 수 있는 통합적인 활동들로 이루어져 있다.

PART7 자가 점검

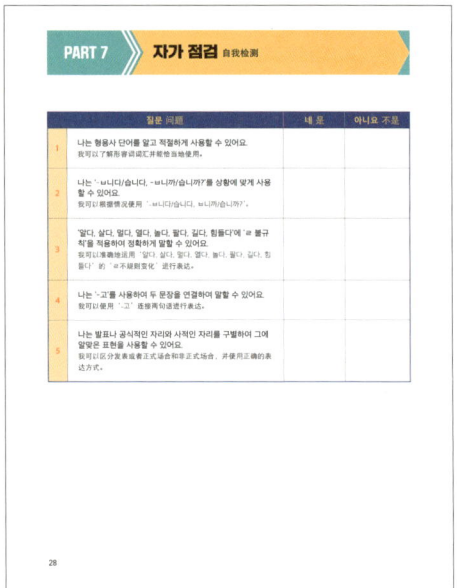

학습자가 해당 과의 학습 목표를 잘 성취하였는지 스스로 확인할 수 있게 하였다.

부록

듣기 지문

어휘 색인

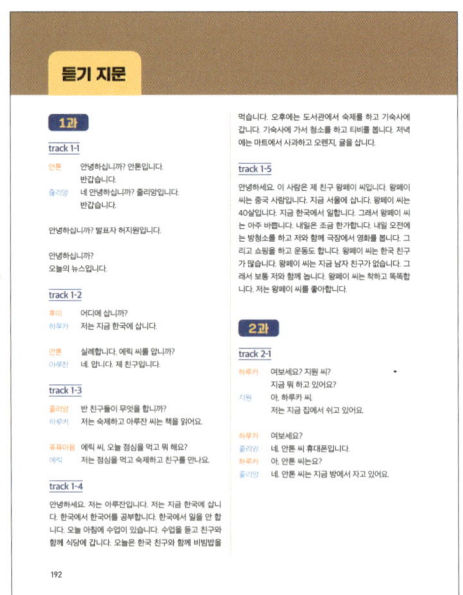

각 과의 듣기 지문을 제공하였다.   해당 과의 어휘를 제시하였다.

목차

머리말 · 3
일러두기 · 4
교재 구성표 · 8

1과	반갑습니다.	10
2과	지금 만날까요?	30
3과	화장실에 가도 돼요?	48
4과	오늘 노래방에 같이 갈 수 있어요?	66
5과	어제 뭐 했어요?	84
6과	날씨가 좋으면 어디에 갈 거예요?	100
7과	염색을 하러 미용실에 가요.	118
8과	선생님께서는 지금 무엇을 하고 계세요?	134
9과	배가 아프니까 이 약을 먹어야 해요.	150
10과	제주도로 여행을 가려면 어떻게 해야 해요?	170
부록	정답	190
	듣기 지문	192
	어휘 색인	200

교재 구성표

과 课	제목 标题	문법 및 표현 语法及表现	어휘 词汇	상황(기능) 状况(功能)
1	안녕하십니까?	-ㅂ니다/습니다 ㄹ 불규칙	형용사	공식적인 말하기
2	언제 만날까요?	-고 있다 -(으)ㄹ까요?	착용 동사	현재 진행 말하기 제안하기
3	화장실에 가도 돼요?	-아/어/해도 되다 -고 싶다	일상 생활	승낙, 허락 구하기
4	오늘 같이 노래방에 갈 수 있어요?	-(으)ㄹ 수 있다/없다 못 -아/어/해 주세요	취미	능력 / 가능성 말하기 부정 표현 말하기 요청하기
5	어제 뭐 했어요?	-았/었/했- -아/어/해서(1)	달력 시간 표현	과거 표현하기 이유 설명하기
6	날씨가 좋으면 어디에 갈 거예요?	-(으)ㄹ 거예요 -(으)면 -아/어/해서(2)	계절 날씨	미래 표현하기 가정, 조건 말하기 순서 말하기

과 课	제목 标题	문법 및 표현 语法及表现	어휘 词汇	상황(기능) 状况(功能)
7	염색을 하러 미용실에 가요.	-(으)려고 -(으)러 가다	머리 스타일 미용실	의도 표현하기
8	선생님께서는 지금 무엇을 하고 계세요?	-(으)세요 / N(이)세요 -(으)시	높임표현 가족	높임 표현 사용하기
9	배가 아프니까 이 약을 먹어야 해요.	-아/어/해야 해요 -(으)니까 -지 마세요	증상표현 약	이유, 금지, 당위 표현하기
10	제주도로 여행을 가려면 어떻게 해야 해요?	-(으)로 에서(부터) 까지 -(으)려면	교통수단	조건, 범위 표현하기

1과
第1课

반갑습니다.

见到您很高兴。

- 발표할 때 쓰는 말과 친구와 이야기할 때 쓰는 말이 같아요?
  发表时用的语言和跟朋友聊天时用的语言一样吗?

- 오늘 여러분의 기분은 어때요? 今天大家的心情怎么样?

학습 목표 学习目标

1. '-ㅂ니다/습니다'를 사용하여 자기소개를 할 수 있어요.
   可以使用'-ㅂ니다/습니다'进行自我介绍。

2. 상황에 맞게 '-아요/-어요/-해요'와 '-ㅂ니다/습니다'를 구별하여 사용할 수 있어요.
   可以根据情况区分使用'-아요/-어요/-해요'和'-ㅂ니다/습니다'。

3. 'ㄹ 불규칙'을 활용하여 정확하게 말할 수 있어요.
   可以灵活运用'ㄹ不规则变化'准确地进行表达。

4. '-고'를 사용하여 두 문장을 연결하여 말할 수 있어요.
   可以使用'-고'连接两句话进行表达。

5. 공식적인 자리와 사적인 자리를 구별하여 그에 알맞은 표현을 사용하여 말할 수 있어요.
   可以区分正式场合和非正式场合,并使用正确的表达方式进行表达。

PART 1 　어휘 词汇

형용사 形容词

 좋다

 나쁘다

 괜찮다

 피곤하다

 예쁘다

 귀엽다

 멋있다

 심심하다

 바쁘다

 한가하다

 행복하다

 똑똑하다

 쉽다

 어렵다

 중요하다

 힘들다

 슬프다

 기쁘다

 길다

 짧다

PART 1　어휘

학습 어휘 学习词汇

- 회의 会议
- 창문 窗户
- 놀다 玩儿
- 필요하다 需要
- 발표 发表
- 열다 打开
- 팔다 卖
- 성공하다 成功
- 보통 普通
- 만들다 制作
- 무슨 什么

TIP

'필요하다'는 한국어에서 동사가 아니라 형용사예요. 목적어와 함께 사용하지 않아요.
'필요하다' 在韩国语中不是动词，而是形容词。不与宾语一起使用。

[예문]

· 我需要电脑。　나는 컴퓨터가 필요해요.(O)　　나는 컴퓨터를 필요해요.(X)

연습 练习

다음 형용사의 반대 의미를 찾아 연결하세요.
请找出下列形容词的反义词并进行连线。

① 좋다　●　　　●　짧다

② 덥다　●　　　●　춥다

③ 싸다　●　　　●　나쁘다

④ 길다　●　　　●　비싸다

⑤ 멀다　●　　　●　가깝다

⑥ 크다　●　　　●　더럽다

⑦ 많다　●　　　●　작다

⑧ 어렵다　●　　　●　적다

⑨ 깨끗하다　●　　　●　쉽다

PART 2 문법 语法

문법 1 -ㅂ니다/습니다, -ㅂ니까/습니까?

안톤: 안녕하십니까? 안톤입니다.
반갑습니다.
줄리앙: 네 안녕하십니까?
줄리앙입니다.
반갑습니다.

안녕하십니까?
발표자 허지원입니다.

안녕하십니까?
오늘의 뉴스입니다.

문법 사용 语法使用

- '-ㅂ니다/습니다'는 처음 만나는 사이, 발표와 같은 공식적인 자리에서 사용되는 말이에요.
  '-ㅂ니다/-습니다' 用于初次见面、发表等正式场合。
- 의문 표현은 '-ㅂ니까/습니까?'로 사용해요.
  疑问表达用 '-ㅂ니까/습니까?'。

■ -ㅂ니다/습니다, -ㅂ니까/습니까?

의미	'-ㅂ니다/습니다'는 처음 만나는 사이, 발표와 같은 공식적인 자리에서 사용되는 말, 의문 표현은 '-ㅂ니까/습니까?'로 사용 '-ㅂ니다/-습니다' 是用于初次见面、演讲等正式场合的表达，疑问形式为 '-ㅂ니까/습니까?'		
형태 변화	받침 O	먹다 - 먹습니다 - 먹습니까? 없다 - 없습니다 - 없습니까?	받침 X, 받침 ㄹ	가다 - 갑니다 - 갑니까? 살다 - 삽니다 - 삽니까?

[예문]

· 줄리앙: 퓨퓨아웅 씨는 지금 뭐 합니까?
  퓨퓨아웅: 저는 지금 밥을 먹습니다.

· 허지원: 이름이 무엇입니까?
  안톤: 저는 안톤입니다.

PART 2 문법

 표에 쓰세요. 请在表格里写出来。

단어	-ㅂ니다/습니다	-ㅂ니까/습니까?	단어	-ㅂ니다/습니다	-ㅂ니까/습니까?
가다	갑니다	갑니까?	없다		
보다			많다		
먹다			싫다		
좋다			재미있다		
괜찮다			좋아하다		
어렵다			필요하다		
쉽다			중요하다		

TIP

좋다[조타], 괜찮다[괜찬타], 많다[만타], 싫다[실타]

TIP

한국어는 상황이나 상대에 따라 사용하는 말이 달라요. 발표와 같은 공식적인 자리에서는 '-ㅂ니다/습니다'를 사용해요. '-아요/어요/해요'는 일반적으로 모든 상황에 사용할 수 있어요. '아/어/해'는 같은 나이, 친한 친구 사이에서 사용하거나 어른이 아이들에게 사용할 수 있어요.
韩国语会根据不同的场合和对象使用不同的表达方式。在像发表演讲这样的正式场合，会使用'-ㅂ니다/습니다'。'-아요/어요/해요'通常可以用于所有场合。而'아/어/해'则用于同龄人、亲密朋友之间，或者成年人对孩子时使用。

아/어(반말)

-아요/어요/해요

-ㅂ니다/습니다(높임말, 공식적)

낮춤 ←──────── 높임의 정도 ────────→ 높임

[예문]

· 미안하다 : 미안해 → 미안해요 → 미안합니다

연습 练习

보기와 같이 말하세요.
请仿照例子说。

보기	
안녕하세요.	안녕하**십니까**?
저는 허지원이에요.	저는 허지원**입니다**
저는 한국 사람이에요.	저는 한국 사람**입니다**.
저는 음악을 좋아해요.	저는 음악을 좋아**합니다**.
그래서 음악을 많이 들어요.	그래서 음악을 많이 듣**습니다**.
만나서 반가워요.	만나서 반갑**습니다**.

1)

안녕하세요. 발표자 하루카예요.

➡ _____

2)

내일은 5월 5일 어린이날이에요.

➡ _____

수업이 없어요.

➡ _____

3)

지금 인터뷰 시작합니다.

기자	줄리앙 씨는 지금 어디에 (살다)	?
줄리앙	저는 (서울에 살다)	.
기자	줄리앙 씨는 한국에서 무엇을 (하다)	?
줄리앙	저는 한국에서 (한국어를 공부하다)	.
기자	한국에서 한국 친구가 (많다)	?
줄리앙	네 지금은 한국 친구가 (많다)	?
기자	한국 생활이 (재미있다)	?
줄리앙	네, (재미있다)	.

PART 2 문법

> **TIP** 1권 10과에 있어요. 请参照第一册第10课。
>
> '듣다(To listen), 걷다(to walk), 묻다(to ask)'는 '-어요'와 결합할 때 조금 다른 모습으로 바뀌어요.
> '听(듣다), 走(걷다), 问(묻다)'与'-어요'结合时会变成稍微不同的样子。
>
> | 듣다 → 들어요 / 걷다 → 걸어요 / 묻다 → 물어요 | [예문] |
> |---|---|
> | 모두 'ㄷ'이 'ㄹ'로 바뀌어요.
所有的'ㄷ'变为'ㄹ'。
그래서 'ㄷ 불규칙'이라고 말해요.
所以称为'ㄷ不规则'变化。 | • 저는 음악을 들어요.
• 저는 공원에서 걸어요.
• 저는 길을 물어요. |

문법 2 ㄹ 불규칙

후이　　어디에 <mark>삽니까?</mark>
하루카　저는 지금 한국에 <mark>삽니다.</mark>

안톤　　실례합니다. 에릭 씨를 <mark>압니까?</mark>
아루잔　네. <mark>압니다.</mark> 제 친구입니다.

문법 사용 语法使用

- '알다, 살다'와 같이 'ㄹ' 받침이 있는 단어가 '-ㅂ니다'와 결합할 때에는 받침 ㄹ이 없어지고 '압니다, 삽니다'와 같이 사용해요. (살습니다 (X), 알습니다 (X))
  像'알다(知道), 살다(生活、住)'这样带收音'ㄹ'的单词在变为'-ㅂ니다'形式时, 收音'ㄹ'会消失, 变为'압니다, 삽니다'。例如: 살습니다 (X), 알습니다 (X)

TIP

ㄹ 불규칙 설명

　　　　　[알다, 놀다, 힘들다]
+ ㅂ, ㅅ, ㄴ = [아,　노,　힘드]

	-ㅂ니다	-(으)십니다	-(으)니까 (이유/理由)
알다	압니다	아십니다	아니까
놀다	놉니다	노십니다	노니까
힘들다	힘듭니다	힘드십니다	힘드니까

· 저는 한국에 **삽**니다.
· 선생님은 한국에 **사십**니다.
· 저는 한국에 **사**니까 김치를 먹습니다.

[예문]

· 집이 조금 멉니다.　　　　· 저는 김밥을 만듭니다.

 표에 쓰세요. 请在表格里写出来。

	-ㅂ니다/습니다	-ㅂ니까/습니까?	-아요/어요/해요
열다	엽니다		
팔다			
길다			
만들다			

PART 2 문법

연습 练习

보기 와 같이 말하세요.
请仿照例子说。

지원 씨는 김밥을 <u>만듭니다.</u>

만들다

1)

살다

에릭 씨는 _____

2)

길다

하루카 씨는 머리가 _____

3)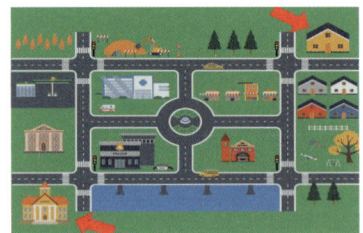

멀다

집이 _____

4)

열다

루카 씨는 문을 _____

문법 3 -고

줄리앙   반 친구들이 무엇을 합니까?
하루카   저는 숙제하**고** 아루잔 씨는 책을 읽어요.

퓨퓨아웅   에릭 씨, 오늘 점심을 먹**고** 뭐 해요?
에릭   저는 점심을 먹**고** 숙제하고 친구를 만나요.

문법 사용 语法使用

1) '-고'는 두 문장을 대등하게 이어줘요. 나열의 의미를 나타내요.
   '-고' 连接两个并列的句子，表示列举的意思。
   · 하루카 씨는 숙제해요. 아루잔 씨는 책을 읽어요.
     ⇨ 하루카 씨는 숙제하고 아루잔 씨는 책을 읽어요.

2) 순서를 나타내요.
   表示顺序。
   · 저는 2시에 밥을 먹어요. 저는 4시에 친구를 만나요.
     ⇨ 저는 2시에 밥을 먹고 4시에 친구를 만나요.

■ -고

의미	두 문장을 이어주고 나열, 시간의 순서를 나타냄 连接两个句子，表示列举或时间顺序	
형태 변화	S1+ 고 S2 S1(____다) + 고 +S2	저는 커피를 마시고 친구는 녹차를 마셔요.(나열) 저는 오늘 숙제를 하고 친구를 만나요.(순서)

[예문]

· 지원 씨는 예쁘고 똑똑해요.
· 한국 사람들은 보통 밥을 먹고 커피를 마셔요.
· 아루잔 씨는 일요일에 집에서 청소하고 요리해요.

PART 2 문법

연습 练习

 보기와 같이 말하세요.
请仿照例子说。

오늘 오후에 뭐 해요?

저는 오늘 오후에 공부하고 청소해요.

1)

왕페이 씨는 내일 뭐 해요?

_____

2)

하루카 씨는 오늘 뭐 해요?

_____

3)

루카 씨와 퓨퓨아웅 씨는 무엇을 합니까?

_____

4)

안톤 씨와 아루잔 씨는 뭐 해요?

_____

PART 3 > 연습 练习

보기 와 같이 연습해 보세요.
请仿照例子练习。

> **보기** 오늘은 집에서 쉬어요. 오전에는 청소를 하고 오후에 숙제를 해요.
> (쉽니다)   (합니다)
>
> 숙제를 하고 음악을 들어요. 음악을 듣고 친구를 만나요. 친구와 같이 놀아요.
> (듣습니다)   (만납니다)   (놉니다)

1) 제 친구 후이예요. 후이 씨는 베트남 사람이에요. 후이 씨는 한국에 살아요.
   (   )   (   )   (   )

   후이 씨는 한국에서 한국어를 배워요. 후이 씨는 커피를 좋아해요.
                               (   )   (   )

   그래서 후이 씨는 커피를 많이 마셔요. 후이 씨는 보통 집에서 숙제하고 책을 읽어요.
                          (   )   (   )

   내일은 한국 친구와 놀아요.
                   (   )

2) 저는 줄리앙이에요. 저는 프랑스 사람이에요. 지금 한국에 있어요.
      (   )   (   )   (   )

   저는 한국 친구를 많이 알아요. 그래서 한국 생활이 재미있어요.
                       (   )   (   )

   저는 요리를 좋아해요. 그래서 집에서 음식을 만들어요. 친구들은 제 요리를 좋아해요.
              (   )   (   )   (   )

PART 4 듣기 听力

 1. 다음을 듣고 질문에 답하세요.
请听下面的内容并回答问题。

1) 이 사람의 직업은 뭐예요?
这个人的职业是什么？

① 회사원　　　② 학생　　　③ 주부　　　④ 선생님

2) 다음 중 틀린 것(X)을 고르세요.
请从以下选项中选出错误的一项。

① 아루잔은 비빔밥을 먹습니다.
② 아루잔은 오전에 공부합니다.
③ 아루잔은 기숙사에서 숙제를 합니다.
④ 아루잔은 기숙사에서 청소를 합니다.

3) 아루잔이 사는 과일을 모두 고르세요.
请选择阿露珍买的所有水果。

2. 다음을 듣고 질문에 답하세요. 1-5
请听下面的内容并回答问题。

1) 다음 중 틀린 것(X)을 고르세요.
请从以下选项中选出错误的一项。

① 왕페이 씨는 중국 사람입니다.
② 왕페이 씨는 한국에서 일합니다.
③ 왕페이 씨는 착하고 똑똑합니다.
④ 왕페이 씨는 한국 친구가 없습니다.

2) 왕페이 씨가 내일 하지 않는 것(X)을 고르세요.
请选择王菲明天不做的事情。

① 운동을 합니다.
② 쇼핑을 합니다.
③ 방청소를 합니다.
④ 집에서 영화를 봅니다.

PART 5 말하기 口语

친구를 인터뷰해 보세요.
请试着采访朋友吧。

	질문	대답
1	이름이 무엇입니까?	
2	지금 어디에 삽니까?	
3	한국에서 무엇을 합니까?	
4	한국 친구가 있습니까?	
5	한국 음식을 좋아합니까?	
6	매일 아침을 먹습니까?	
7	어디에서 쇼핑을 합니까?	
8	숙제가 많습니까?	
9	어디에서 공부합니까?	
10	누구와 함께 점심을 먹습니까?	
11	노래를 좋아합니까?	
12	보통 주말에 무엇을 합니까?	
13	몇 시에 잡니까?	
14	보통 하루에 커피를 몇 잔 마십니까?	
15	?	
16	?	
17	?	
18	?	
19	?	

PART 6 활동 活动

1. 10년 후, 나는 어떤 사람입니까?
   10年后，我会成为什么样的人？

   · 나는 어디에 삽니까?

   · 나는 무슨 일을 합니까?

   · 나는 무엇을 좋아합니까?

   · 나는 무엇을 싫어합니까?

   · 내 옆에는 누가 있습니까?

2. 내 옆에 있는 친구는 성공한 사람입니다. 친구를 인터뷰해 보세요.
   我身边的朋友是成功的人。请试着采访朋友吧。

   · 이름이 무엇입니까?

   · 무슨 일을 합니까?

   · 어디에서 일을 합니까?

   · _____?

   · _____?

   · _____?

   · _____?

PART 7 자가 점검 自我检测

	질문 问题	네 是	아니요 不是
1	나는 형용사 단어를 알고 적절하게 사용할 수 있어요. 我可以了解形容词词汇并能恰当地使用。		
2	나는 '-ㅂ니다/습니다, -ㅂ니까/습니까?'를 상황에 맞게 사용할 수 있어요. 我可以根据情况使用'-ㅂ니다/습니다, ㅂ니까/습니까?'。		
3	'알다, 살다, 멀다, 열다, 놀다, 팔다, 길다, 힘들다'에 'ㄹ 불규칙'을 적용하여 정확하게 말할 수 있어요. 我可以准确地运用'알다, 살다, 멀다, 열다, 놀다, 팔다, 길다, 힘들다'的'ㄹ不规则变化'进行表达。		
4	나는 '-고'를 사용하여 두 문장을 연결하여 말할 수 있어요. 我可以使用'-고'连接两句话进行表达。		
5	나는 발표나 공식적인 자리와 사적인 자리를 구별하여 그에 알맞은 표현을 사용할 수 있어요. 我可以区分发表或者正式场合和非正式场合，并使用正确的表达方式。		

MEMO

2과
第2课

지금 만날까요?

现在见面吗?

- 여러분은 지금 무엇을 하고 있어요? 大家现在在做什么?
- 여러분은 지금 어떤 옷을 입고 있어요? 大家现在穿着什么衣服?
- 우리 같이 토요일에 영화를 볼까요? 我们星期六一起看电影好吗?

학습 목표 学习目标

1. 착용동사를 알고 사용할 수 있어요.
   可以了解并使用"穿戴"动词。

2. 색깔 어휘를 알고 사용할 수 있어요.
   可以了解并使用表示颜色的词汇。

3. 진행의 의미를 나타내는 '-고 있다'를 적절하게 사용하여 말할 수 있어요.
   可以恰当地使用表示进行意思的 '-고 있다' 进行表达。

4. 착용동사의 완료의 의미를 나타내는 '-고 있다'를 적절하게 사용하여 말할 수 있어요.
   可以恰当地使用表示穿戴动词完成意义的 '-고 있다' 进行表达。

5. '-(으)ㄹ까요?'를 사용하여 상대방에게 자신의 의견을 제안할 수 있어요.
   可以使用 '-(으)ㄹ까요?' 向对方提出自己的建议。

PART 1 어휘 词汇

착용동사 '穿戴' 动词

옷의 종류 衣服的种类

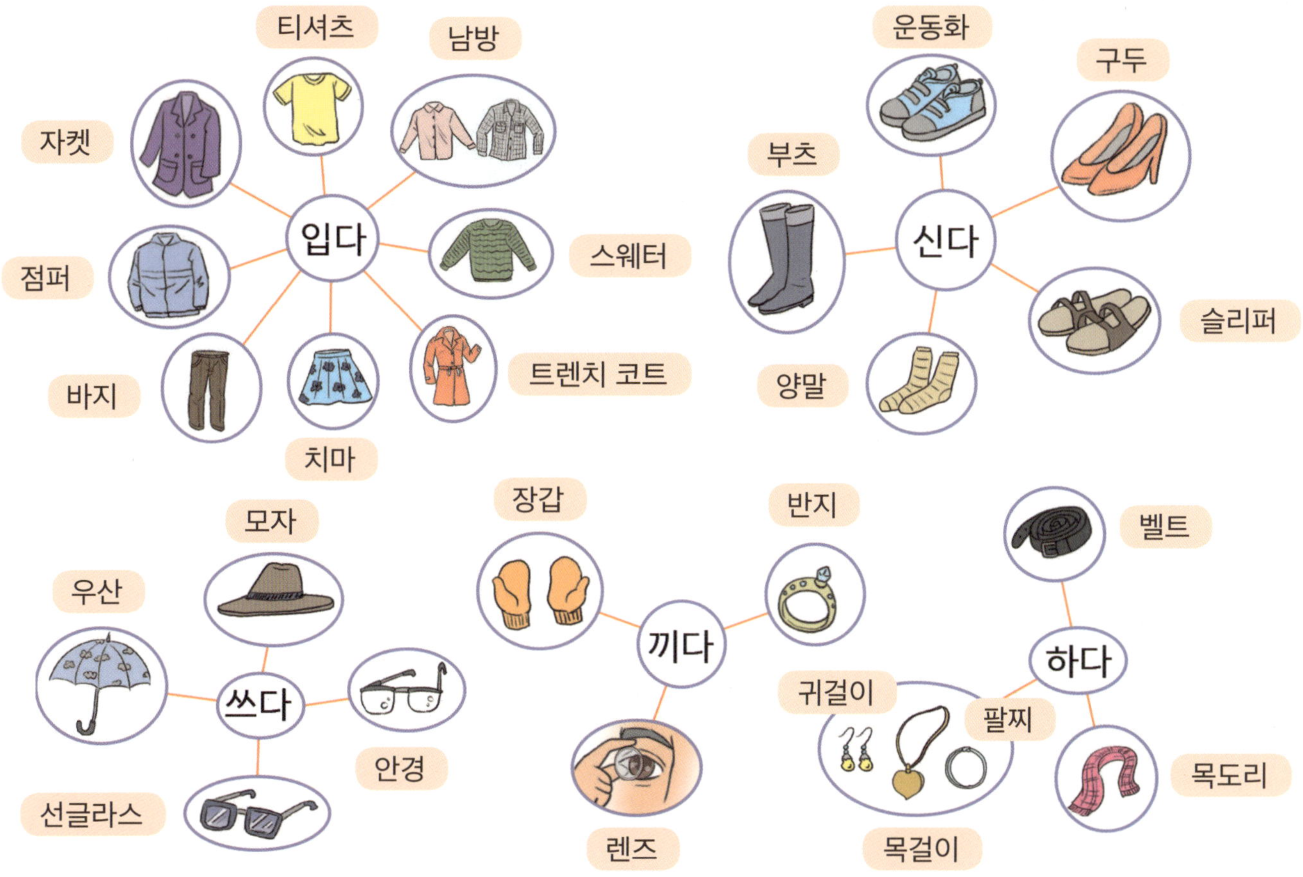

- 입다: 티셔츠, 남방, 자켓, 점퍼, 스웨터, 바지, 치마, 트렌치 코트
- 신다: 운동화, 구두, 부츠, 슬리퍼, 양말
- 쓰다: 우산, 모자, 안경, 선글라스
- 끼다: 장갑, 반지, 렌즈
- 하다: 귀걸이, 목걸이, 팔찌, 벨트, 목도리

색깔 어휘 颜色词汇

하얀색/흰색	빨간색	노란색	초록색
파란색	까만색/검은색	분홍색/핑크색	보라색
주황색	갈색	베이지색	회색

PART 1 어휘

학습 어휘 学习词汇

- 친구들과 수다 떨다 和朋友们聊天
- 몰라요 不知道
- 곧 马上
- 끝내다 结束
- 빼다 摘
- 약속이 있다/없다 有/没有约会
- 별일이 있다/없다 有/没有别的事
- 어떻다(어때요?) 怎么样
- 수업을 듣다 听课
- 시작하다 开始
- 벗다 脱
- 풀다 解开
- 일이 있다/없다 有/没有事情

연습 练习

 1. (　) 안에 알맞은 단어를 쓰세요.
请在括号里填写合适的单词。

모자를 (　)
장갑을 (　)
안경을 (　)
목도리를 (　)
가방을 (　)
바지를 (　)
귀걸이를 (　)
목걸이를 (　)
티셔츠를 (　)
(반지를) (　)
치마를 (　)
가방을 (　)
신발을 (　)

2. 다음 그림을 보고 무슨 색인지 쓰세요.
请看下图并写出这是什么颜色。

PART 2　문법 语法

문법 1　-고 있다 (1)

하루카	여보세요? 지원 씨? 지금 뭐 하고 있어요?
지원	아, 하루카 씨. 저는 지금 집에서 쉬고 있어요.

하루카	여보세요?
줄리앙	네. 안톤 씨 휴대폰입니다.
하루카	아, 안톤 씨는요?
줄리앙	네. 안톤 씨는 지금 방에서 자고 있어요.

문법 사용 语法使用

- 'V+고 있다'는 현재 진행 중인 동작을 나타내요.
  'V+고 있다' 表示正在进行中的动作。

■ V + 고 있다 (1)

의미	현재 진행 중인 동작을 나타냄 表示正在进行中的动作	
형태 변화	동사(V) + 고 있다	자다 - 자고 있다 - 자고 있어요 먹다 - 먹고 있다 - 먹고 있어요 살다 - 살고 있다 - 살고 있어요

[예문]

· 후이 씨는 지금 한국에 살고 있어요.　　· 아루잔 씨는 지금 영화를 보고 있어요.
· 루카 씨는 지금 음악을 듣고 있어요.

 표에 쓰세요. 请在表格里写出来。

-고 있어요			
일하다	일하고 있어요	한국에 살다	
여행하다		수업을 듣다	
운동하다		음악을 듣다	
전화하다		김밥을 만들다	
옷을 입다		한국어를 공부하다	

연습 练习

 보기 와 같이 말하세요.
请仿照例子说。

보기

퓨퓨아웅 왕페이 씨, 지금 뭐 하고 있어요?
왕페이   지금 학교에 가고 있어요.

1)

아루잔 씨는 뭐 하고 있어요?

_____.

2)

에릭 씨는 뭐 하고 있어요?

_____.

3)

루카 씨는 뭐 하고 있어요?

_____.

4)

줄리앙 씨는 뭐 하고 있어요?

_____.

PART 2 문법

문법 2 -고 있다 (2)

지원 안톤 씨, 지금 뭐 하고 있어요?
안톤 저는 지금 옷을 입고 있어요.

에릭 누가 루카 씨예요?
왕페이 루카 씨는 파란색 바지를 입고 있어요.

문법 사용 语法使用

- '-고 있다'는 현재 진행 중인 동작을 나타내기도 하지만 현재 입고 있는 옷이나 신발, 안경, 모자 등을 착용하고 있는 상태를 표현하기도 해요.
'-고 있다'不仅表示正在进行的动作，还可以用来表达目前穿着的衣服、鞋子、眼镜、帽子等的穿戴状态。

■ V + 고 있다 (2)

의미	현재 입고 있는 옷과 모자, 안경 등을 착용하고 있는 상태를 표현 表现现在穿的衣服、帽子、眼镜等的状态	
형태 변화	동사(V) + 고 있다	치마를 입다 - 치마를 입고 있다 - 치마를 입고 있어요 신발을 신다 - 신발을 신고 있다 - 신발을 신고 있어요 모자를 쓰다 - 모자를 쓰고 있다 - 모자를 쓰고 있어요

TIP

'옷을 입다/벗다'는 표현은 옷이나 장신구의 종류에 따라 사용하는 동사가 달라져요.
'옷을 입다/벗다'这个表达会根据衣服或饰品的种类不同而使用不同的动词。

예) 옷을 입다(↔벗다), 신발을 신다(↔벗다), 모자를 쓰다(↔벗다), 장갑을 끼다(↔빼다),
목도리를 하다(↔벗다, 풀다), 넥타이를 매다(↔풀다), 귀걸이를 하다(↔빼다), 벨트를 하다(↔풀다)
例如：穿衣服（↔脱衣服），穿鞋（↔脱鞋），戴帽子（↔摘下帽子），戴手套（↔摘下手套），戴围巾
（↔摘下围巾/解开围巾），系领带（↔解开领带），戴耳环（↔摘下耳环），系腰带（↔解开腰带）

[예문]
- 지원 씨는 빨간색 치마를 입고 있어요.
- 퓨퓨아웅 씨는 외투를 벗고 있어요.
- 후이 씨는 까만색 운동화를 신고 있어요.

📝 표에 쓰세요. 请在表格里写出来。

-고 있어요			
흰색 티셔츠를 입다	흰색 티셔츠를 입고 있어요	장갑을 끼다	
빨간색 바지를 입다		신발을 신다	
갈색 가방을 메다		벨트를 하다	
목걸이를 하다		넥타이를 매다	
모자를 쓰다		안경을 쓰다	

연습 练习

 보기와 같이 말하세요.
请仿照例子说。

보기

에릭 씨를 보고 말하세요.
① 에릭 씨는 <u>하얀색 티셔츠를 입고</u> 있어요.
② 에릭 씨는 <u>까만색 바지를 입고</u> 있어요.
③ 에릭 씨는 <u>파란색 가방을 메고</u> 있어요.
④ 에릭 씨는 <u>갈색 신발을 신고</u> 있어요.
⑤ 에릭 씨는 <u>보라색 (캡)모자를 쓰고</u> 있어요.

1)

왕페이 씨를 보고 말하세요.

① 왕페이 씨는 _____.
② 왕페이 씨는 _____.
③ 왕페이 씨는 _____.
④ 왕페이 씨는 _____.
⑤ 왕페이 씨는 _____.

2)

후이 씨를 보고 말하세요.

① 후이 씨는 _____.
② 후이 씨는 _____.
③ 후이 씨는 _____.
④ 후이 씨는 _____.
⑤ 후이 씨는 _____.

PART 2 문법

문법 3 -(으)ㄹ까요?

안톤	아루잔 씨? 내일 뭐 해요?
아루잔	별일 없어요.
안톤	그럼 우리 같이 영화 **볼까요?**

루카	하루카 씨 지금 뭐 해요?
하루카	지금 숙제해요. 너무 힘들어요.
루카	네, 저도 숙제가 너무 어려워요. 같이 **할까요?**
하루카	그럴까요? 그럼 지금 **만날까요?**

문법 사용 语法使用

- '-(으)ㄹ까요?'는 상대방에게 자신의 의견을 제안하는 것으로 같이 그 행동을 하자는 것을 나타내요.
  '-(으)ㄹ까요?' 表示向对方提出自己的建议，邀请对方一起做某事。

■ V + -(으)ㄹ까요?

의미	상대방에게 제안한 행동을 같이 하자는 의미 邀请对方一起做向对方提议的行动的意思			
형태 변화	받침 O	먹다 - 먹**을까요?** 읽다 - 읽**을까요?**	받침 X	쉬다 -쉴**까요?** 쇼핑하다 - 쇼핑할**까요?** 만들다 -만들**까요?**

[예문]

- 안톤: 루카 씨, 어디에 가요?
  루카: 지금 서점에 가요. 같이 갈까요?
- 후이: 지원 씨, 오늘은 시간이 없어요.
  지원: 그럼 우리 내일 만날까요?
- 왕페이: 에릭 씨, 저는 우산이 없어요.
  에릭: 아, 그래요? 그럼 이 우산을 같이 쓸까요?

TIP

'-(으)ㄹ까요?'는 아직 일어나지 않았거나 모르는 일에 대해 추측하여 질문할 때도 사용해요.
'-(으)ㄹ까요?' 也用于对尚未发生或未知的事情进行推测并提问时。
- 친구가 제 선물을 좋아할까요?
- 후이가 한국 음식을 먹을까요?

📝 표에 쓰세요. 请在表格里写出来。

-(으)ㄹ까요?			
가다	갈까요?	듣다	
먹다		사다	
쉬다		끝내다	
만나다		시작하다	
만들다		운동하다	

연습 练习

 보기와 같이 말하세요.
请仿照例子说。

보기

퓨퓨아웅　저는 교수님을 만나요.
　　　　　그런데 연구실을 몰라요.

왕페이　　아, 그래요? 저도 지금 교수님 연구실에 가요.
　　　　　그럼 같이 **갈까요?**

1)

왕페이　오늘 날씨가 너무 좋아요.
지원　　그럼 우리 오늘 공원에 _____ ?

2)

하루카　줄리앙 씨, 뭐 해요? 너무 심심해요.
줄리앙　저도요. 그럼 지금 _____ ?

3)

에릭　이 집은 김밥이 유명해요.
후이　그래요? 그럼 김밥을 _____ ?

4)

퓨퓨아웅　내일 몇 시에 _____ ?
아루잔　　내일 두 시 어때요?

PART 3 > 연습 练习

보기 와 같이 연습해 보세요.
请仿照例子练习。

보기		
	후이	지원 씨 지금 뭐 해요?
	지원	친구 전화를 기다리고 있어요.
	후이	아, 그래요? 저녁에 같이 밥 먹을까요?
	지원	미안해요. 오늘 저녁에는 친구를 만나요.

1)

안톤　　아루잔 씨, 지금 뭐 해요?
아루잔　_____.
안톤　　내일 _____?
아루잔　미안해요. 내일은 약속이 있어요.

2)

퓨퓨아웅　지원 씨, 지금 뭐 해요?
지원　　　_____.
퓨퓨아웅　내일 _____?
지원　　　미안해요. 내일은 일이 있어요.

3)

에릭　　하루카 씨, 지금 뭐 해요?
하루카　_____.
에릭　　지금 같이 _____?
하루카　좋아요. 기다려요. 곧 가요.

4)

왕페이　루카 씨 지금 뭐 해요?
루카　　_____. 왜요?
왕페이　저녁에 뭐 해요?
루카　　저녁에 별일 없어요.
왕페이　아, 그럼 같이 _____?

PART 4 듣기 听力

 1. 다음 이야기를 듣고 안톤과 아루잔, 왕페이를 찾으세요.
请听下面的故事，找出安东、阿露珍和王菲。

안톤 (　　　)　　　아루잔 (　　　)　　　왕페이 (　　　)

 2. 다음을 듣고 질문에 답하세요.
请听下面的内容并回答问题。

1) 내일 두 사람은 어디에 안(X) 가요?
明天两个人不去哪个地方？

① 서점　　② 식당　　③ 영화관　　④ 도서관

2) 내일 두 사람은 몇 시에 만나요?
明天两个人几点见面？

① 1시　　② 2시　　③ 3시　　④ 6시

3) 다음 중 대화 내용과 다른 것(X)을 고르세요.
请在下列选项中选择与对话内容不一致的一项。

① 영화는 3시에 시작해요.　　② 줄리앙 씨는 책이 필요해요.
③ 내일 두 사람은 같이 밥을 먹어요.　　④ 내일 두 사람은 영화관 앞에서 만나요.

2과_지금 만날까요?　43

PART 5　말하기 口语

1. 여기는 기숙사입니다. 친구들이 무슨 옷을 입고 무엇을 착용하고 있는지 이야기해 보세요.
   这里是宿舍。说说朋友们穿着什么衣服，戴着什么东西吧。

> **보기**
> · 안톤 씨는 음악을 듣고 있어요.　　· 안톤 씨는 까만색 티셔츠를 입고 있어요.
> · 안톤 씨는 안경을 쓰고 있어요.　　· 안톤 씨는 반바지를 입고 있어요.

2. 지금 여러분이 입고 있는 옷과 착용하고 있는 것은 무엇입니까?
   现在大家穿着什么衣服，戴着什么东西？

3. 여러분 옆에 있는 친구는 무슨 옷을 입고 무엇을 착용하고 있나요?
   그리고 친구는 지금 무엇을 하고 있습니까?
   大家身边的朋友穿着什么衣服，戴着什么东西？还有，朋友现在正在做什么？

PART 6 활동 活动

다음 그림을 보고 친구와 함께 '-고 있어요, -(으)ㄹ까요?'를 사용해서 대화를 만들어 보세요.
请看下图，与朋友一起使用'-고 있어요, -(으)ㄹ까요?'进行对话。

상황 1	상황 2	상황 3	상황 4

· 친구는 숙제를 합니다. 너무 어렵습니다. → 나는 친구와 함께 숙제를 합니다.	· 친구가 집에서 쉽니다. → 나는 친구와 함께 커피를 마십니다.	· 친구가 혼자 밥을 먹습니다. → 나는 친구와 함께 밥을 먹습니다.	· 친구가 텔레비전을 보고 있습니다. → 나는 친구와 함께 쇼핑합니다.

| 보기
<상황 1> | 에릭
후이
에릭 | 후이 씨, 뭐해요?
저는 지금 숙제를 하고 **있어요**.
아 그래요? 많이 힘들어요? | 후이
에릭
후이 | 네, 너무 힘들어요.
그럼 같이 **할까요**?
네. 좋아요. |

<상황 2> / <상황 3> / <상황 4>

PART 7 자가 점검 自我检测

	질문 问题	네 是	아니요 不是
1	나는 '입다, 쓰다, 신다, 끼다, 하다'와 같은 착용동사를 알고 알맞게 사용할 수 있어요. 我可以了解并正确使用'입다, 쓰다, 신다, 끼다, 하다'这些穿戴动词。		
2	나는 색깔을 나타내는 어휘를 알고 사용할 수 있어요. 我可以了解并使用表示颜色的词汇。		
3	나는 진행의 의미를 나타내는 '-고 있다'를 사용하여 말할 수 있어요. 我可以使用表示进行意思的'-고 있다'进行表达。		
4	나는 착용동사의 완료의 의미를 나타내는 '-고 있다'를 사용하여 말할 수 있어요. 我可以使用表示穿戴动词完成意义的'-고 있다'进行表达。		
5	나는 '-(으)ㄹ까요?'를 사용하여 상대방에게 제안하는 말을 할 수 있어요. 我可以使用'-(으)ㄹ까요?'向对方提出建议。		

MEMO

3과
第3课

화장실에 가도 돼요?

我可以去洗手间吗?

- 여러분은 방학에 무엇을 하고 싶어요? 大家假期里想做什么?
- 여러분 나라에서는 극장에서 사진을 찍어도 돼요? / 괜찮아요?
  在你们国家可以在电影院拍照吗? / 没关系吗?

학습 목표 学习目标

1. 희망과 바람의 의미를 나타내는 '-고 싶다'를 사용하여 말할 수 있어요.
   可以使用表示希望和愿望意思的'-고 싶다'进行表达。

2. 허락과 승낙의 의미를 나타내는 '-아/어/해도 되다'를 사용하여 말할 수 있어요.
   可以使用表示许可和同意意思的'-아/어/해도 되다'进行表达。

3. 내가 하고 싶은 것, 한국에서 하고 싶은 것을 적절한 어휘와 문법을 사용하여 말할 수 있어요.
   可以使用适当的词汇和语法表达我想做的事以及在韩国想做的事。

4. 나는 'ㅡ 불규칙'에 해당하는 형용사들의 의미를 알고 '-아/어/해요' 형태로 말할 수 있어요.
   我可以了解属于'ㅡ不规则变化'形容词的意思，并且可以用'-아/어/해요'的形式进行表达。

PART 1　어휘 词汇

학습 어휘 学习词汇

(방에) 들어가다
进入（房间）

나가다
出去

그만두다
辞职

멈추다
停止

계속하다
继续

더
更

(소리를) 높이다
提高（声音）

(소리를) 낮추다
降低（声音）

(전화를) 받다
接(电话)

사진을 찍다
拍照

사용하다/ 쓰다
使用 / 用

여행을 가다(하다)
旅行

아르바이트를 하다
打工

한국 친구를 사귀다
交韩国朋友

연애하다
(여자친구/남자친구를 사귀다)
谈恋爱(交男朋友/女朋友)

담배를 피우다
抽烟

졸리다
困

수업을 시작하다
上课

수업을 마치다
下课

구경하다
参观

 만약에 如果	 여기저기 到处	 평일/주말 平日/周末	 돈 钱
 배가 고프다 饿	 빨리 快	 노래방 练歌房	 자리 座位
 문을 열다 开门	 유명하다 有名	 아프다 痛	 앉다 坐
 화장실 卫生间	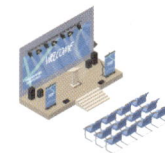 공연장 演出场地	 박물관 博物馆	 미술관 美术馆
 어서 快	 흑돼지 黑猪	 너무 太	 제주도 济州岛
 녹차 绿茶	 다/모두 全部，所有，都		

PART 1   어휘

연습 练习

1. 다음 그림을 보고 알맞은 표현을 쓰세요.
   请看下图并写出正确的表达。

① 방에 들어가요 ② 앉아요 ③ 구경해요 ④ 여행가요 ⑤ 연애해요
⑥ 전화를 받아요 ⑦ 졸려요 ⑧ 사진을 찍어요

2. 다음 반대 표현을 찾아 연결하세요.
   请找出以下相反的表达方式并进行连线。

① 시작하다   •   • 낮추다

② 계속하다   •   • 멈추다

③ 평일   •   • 마치다

④ 높이다   •   • 주말

52

TIP

'아프다, 나쁘다, 바쁘다, 고프다, 예쁘다, 기쁘다, 슬프다'가 '-아/어/해요'와 결합될 때,
'아파요, 나빠요, 바빠요, 고파요, 예뻐요, 기뻐요, 슬퍼요'로 변해요.
각 단어 'ㅡ'앞의 글자의 모음이 'ㅏ,ㅗ'이면 '-아요'와 결합하고 'ㅏ,ㅗ'가 아니면 '-어요'와 결합해요.
'아프다, 나쁘다, 바쁘다, 고프다, 예쁘다, 기쁘다, 슬프다'与'-아/어/해요'结合时，变成'아파요, 나빠요, 바빠요, 고파요, 예뻐요, 기뻐요, 슬퍼요'。每个单词中'ㅡ'前的字的元音是'ㅏ,ㅗ'时，与'-아요'结合，不是'ㅏ,ㅗ'时，与'-어요'结合。

아프다 → 아파요 / 고프다 → 고파요 / 예쁘다 → 예뻐요
나쁘다 → 나빠요　　　　　　　슬프다 → 슬퍼요
바쁘다 → 바빠요　　　　　　　기쁘다 → 기뻐요

'아프다, 나쁘다, 바쁘다, 고프다' 모두 'ㅡ' 앞의 글자 모음이 'ㅏ,ㅗ'예요.
'아프다, 나쁘다, 바쁘다, 고프다'，'ㅡ'前的字的元音都是'ㅏ,ㅗ'。

그래서 '-아요'와 결합해요. '아파요, 나빠요, 바빠요, 고파요'가 돼요.
所以与'-아요'结合，变成'아파요, 나빠요, 바빠요, 고파요'。

'예쁘다, 슬프다, 기쁘다'는 모두 'ㅡ' 앞의 글자 모음이 'ㅏ,ㅗ'가 아니에요.
'예쁘다, 슬프다, 기쁘다'，'ㅡ'前的字的元音不是'ㅏ,ㅗ'。

그래서 '-어요'와 결합해요. '예뻐요, 슬퍼요, 기뻐요'가 돼요.
所以与'-어요'结合，变成'예뻐요, 슬퍼요, 기뻐요'。

이것을 우리는 'ㅡ' 불규칙이라고 해요.
这就是我们所说的'ㅡ'不规则变化。

[예문]

- 머리가 아파요.
- 저는 오늘 바빠요
- 저는 배가 너무 고파요.
- 선생님은 예뻐요.
- 그 영화는 슬퍼요.

PART 1 어휘

 3. 다음 그림을 보고 알맞은 것을 쓰세요.
请看下图并写出正确的答案。

① 기분이 나빠요   ② 머리가 아파요   ③ 바빠요
④ 배가 너무 고파요   ⑤ 예뻐요   ⑥ 슬퍼요

PART 2 문법 语法

문법 1   -고 싶다

줄리앙	주말에 뭐 해요?
지원	저는 주말에 친구와 쇼핑하**고 싶어요**.

아루잔	지금 뭐 하**고 싶어요?**
안톤	배가 너무 고파요. 밥을 먹**고 싶어요**.

문법 사용 语法使用

- '-고 싶다'는 희망과 바람을 나타내요.
  '-고 싶다' 表示希望和愿望。

■ V + -고 싶다

의미	희망과 바람 希望和愿望	
형태 변화	동사(V) + 고 싶다	· 자다 - 자고 **싶다** - 자고 **싶어요** · 먹다 - 먹고 **싶다** - 먹고 **싶어요** · 살다 - 살고 **싶다** - 살고 **싶어요**

[예문]

- 저는 지금 화장실에 가고 싶어요.
- 저는 친구와 여행을 하고 싶어요.

> **TIP**
>
> 다른 사람의 희망이나 바람을 나타낼 때는 '-고 싶어 하다'를 사용해요.
> 表示他人的希望或愿望时，使用 '-고 싶어 하다'。
>
> [예문]
>
> - 퓨퓨아웅 씨는 쉬고 싶어 해요.
> - 아루잔 씨는 집에 가고 싶어 해요.

PART 2 문법

 표에 쓰세요. 请在表格里写出来。

	저는 -고 싶어요	OO 씨는 -고 싶어 해요
쉬다	저는 쉬고 싶어요	후이 씨는 쉬고 싶어 해요
연애하다		
노래하다		
영화를 보다		
한국에 살다		
음악을 듣다		
아르바이트 하다		
친구와 쇼핑하다		
한국 음식을 먹다		
한국 친구를 사귀다		

연습 练习

 보기와 같이 말하세요.
请仿照例子说。

보기

에릭　　퓨퓨아웅 씨, 주말에 뭐 하고 싶어요?
퓨퓨아웅　평일에는 많이 바빠요.
　　　　저는 주말에 집에서 쉬고 싶어요.

1)

아루잔　안톤 씨 뭐 먹을까요?
안톤　　저는 비빔밥을 ＿＿＿＿＿＿＿＿ .

2)

후이　　주말에 어디에 가고 싶어요?
루카　　저는 ＿＿＿＿＿＿＿＿＿＿＿ .

3)

왕페이　하루카 씨, 뭐 하고 싶어요?
하루카　너무 피곤해요. 빨리
　　　　＿＿＿＿＿＿＿＿＿＿ .

4)

퓨퓨아웅　일요일에 뭐 하고 싶어요?
줄리앙　　＿＿＿＿＿＿＿＿＿＿ .

PART 2 문법

문법 2 -아/어/해도 되다

하루카 여기에 좀 **앉아도 돼요?**
루카   네, 앉아요. 괜찮아요.

후이   줄리앙 씨, 전화를 좀 **받아도 돼요?**
줄리앙 네, 그래요.

문법 사용 语法使用

- '-아/어/해도 되다'는 상대방에게 허락을 구하거나 내가 승낙하는 경우에 사용돼요.
  '-아/어/해도 되다' 用于向对方请求许可或自己同意时。

■ V +아/어/해도 되다

의미	상대방에게 허락을 구하거나 내가 승낙하는 경우에 사용 用于向对方请求许可或自己同意时		
형태 변화	동사(V)	ㅏ, ㅗ (O)	가다 - 가**도 돼요?** 살다 - 살**아도 돼요?**
		ㅏ, ㅗ (X)	먹다 - 먹**어도 돼요?** *듣다 - 들**어도 돼요?**
	하다		노래하다 - 노래**해도 돼요?** 운동하다 - 운동**해도 돼요?**

[예문]

· 조금 덥습니다. 창문을 좀 열어도 돼요?
· 화장실에 가고 싶어요. 화장실에 가도 돼요?
· 시간이 없어요. 내일 다시 이야기해도 돼요?

표에 쓰세요. 请在表格里写出来。

-아/어/해도 돼요?			
전화하다	전화해도 돼요?	휴대폰을 보다	
들어가다		화장실에 가다	
사용하다		수업을 마치다	
커피를 마시다		담배를 피우다	
음악을 듣다		여기에 좀 앉다	
사진을 찍다		여기에서 기다리다	

PART 2 문법

연습 练习

 보기와 같이 말하세요.
请仿照例子说。

보기

아루잔　여기에서 사진 **찍어도 돼요?**
안톤　　박물관에서는 안 됩니다.

1)

교수님　여러분.
　　　　수업 시간에 친구와 _____ ?(이야기하다)
학생들　아니요.

2)

학생　　교수님, _____ ?(들어가다)
교수님　네, 들어와요.

3)

에릭　여기에서 _____ ?(먹다)
루카　네, 그럼요.

4)

왕페이　_____ ?(가다)
하루카　그럼요, 화장실에 어서 가요.

PART 3 > 연습 练习

보기 와 같이 연습해 보세요.
请仿照例子练习。

> **보기**
>
> 지원   저도 그 샌드위치가 먹고 싶어요.
> 하나 먹어도 돼요?
> 퓨퓨아웅   그럼요, 그럼 우리 같이 먹을까요?
> 지원   네, 좋아요.

1)

왕페이   줄리앙 씨, 방학에 어디에 가고 싶어요?
줄리앙   _____ .
왕페이   전주는 뭐 유명해요?
줄리앙   비빔밥이 유명해요.
왕페이   그래요? 저도 같이 _____ ?
줄리앙   그럼요. 같이 가요.

2)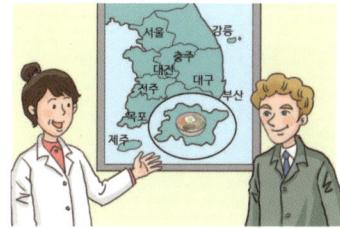

루카   후이 씨, 주말에 뭐해요?
후이   주말에 저는 한국 친구를 만나요.
루카   아, 그래요? 전 지금 한국 친구가 없어요.
한국 친구를 _____ .
후이 씨와 같이 한국 친구를 _____ ?
후이   그럼요. 그 친구는 아주 좋아요. 같이 만나요.

3)

아루잔   안톤 씨, 어디에 가요?
안톤   저는 지금 노래방에 가요.
아루잔   저도 _____ .
저도 같이 _____ ?
안톤   미안해요.
지금 한국 친구가 노래방에서 기다리고 있어요.
아루잔 씨는 다음에 같이 가요.

PART 4 듣기 听力

 1. 다음을 듣고 질문에 답하세요.
请听下面的内容并回答问题。

   1) 여기는 어디입니까?
   这里是哪里?

   ① 학교　　② 식당　　③ 커피숍　　④ 백화점

   2) 이 사람들이 제주도에서 하고 싶은 것이 아닌 것(X)을 고르세요.
   请选择这些人在济州岛不想做的事情。

   ① 바다를 보고 싶어요.
   ② 녹차를 마시고 싶어요.
   ③ 흑돼지를 먹고 싶어요.
   ③ 여기저기를 구경하고 싶어요.

   3) 이 사람들은 언제 제주도에 가요?
   这些人什么时候去济州岛?

   ① 월요일　　② 수요일　　③ 목요일　　④ 토요일

 2. 다음을 듣고 질문에 답하세요.
请听下面的内容并回答问题。

   1) 두 사람은 어디에 있어요?
   这两个人在哪里?

   ① 박물관　　② 영화관　　③ 공연장　　④ 친구 집

   2) 다음 중 알맞은 것을 고르세요.
   请从以下选项中选出正确的答案。

   ① 한국 박물관에서 사진을 찍어도 돼요.
   ② 한국 공연장에서 음식을 먹어도 돼요.
   ③ 한국 영화관에서 휴대폰을 봐도 돼요.
   ④ 한국에서는 신발을 신고 방에 들어가도 돼요.

PART 5　말하기 口语

1. 여러분, 돈이 많고 시간도 있어요. 여러분은 뭐 하고 싶어요? 왜 그것을 하고 싶어요?
   5가지 이상 이야기 해 보세요.
   大家有很多钱，也有时间。你们想做什么？为什么想做这件事？请讲述五件以上。

2. 다음 상황에 대해 친구와 함께 이야기 해 보세요.
   请和朋友一起聊聊关于下面的情况。

   1) 한국에 있는 동안 부모님에게 허락 받고 싶은 것에 대해 말해 보세요.
      친구는 부모님이 되어 이야기해 보세요.
      说说你在韩国期间想要得到父母许可的事情吧。
      朋友扮演你的父母进行交谈。

      · 엄마, 한국에서 _____ 아/어/해도 돼요?

   2) 교실에서 교수님/선생님에게 허락 받고 싶은 것에 대해 말해 보세요.
      친구는 교수님이 되어 이야기 해 보세요.
      说说你在教室里想要得到教授/老师允许的事情。
      朋友扮演教授进行交谈。

      · 교수님, 수업 시간에/교실에서 _____ 아/어/해도 돼요?

PART 6 | 활동 活动

여러분, 한국에서 뭐 하고 싶어요? 왜 그것을 하고 싶어요? 5가지 이상 이야기 해 보세요.
大家想在韩国做什么？为什么想做这件事？请讲述五件以上。

	한국에서 뭐 하고 싶어요?	왜요?
1		
2		
3		
4		
5		

PART 7   자가 점검 自我检测

	질문 问题	네 是	아니요 不是
1	나는 희망과 바람을 나타내는 '-고 싶다'를 사용하여 말할 수 있어요. 我可以使用表示希望和愿望的'-고 싶다'进行表达。		
2	나는 허락과 승낙의 의미를 나타내는 '-아/어/해도 되다'를 사용하여 말할 수 있어요. 我可以使用表示许可和同意意思的'-아/어/해도 되다'进行表达。		
3	내가 하고 싶은 것, 한국에서 하고 싶은 것을 적절한 어휘와 문법을 사용하여 말할 수 있어요. 我可以使用适当的词汇和语法表达我想做的事以及在韩国想做的事。		
4	나는 '— 불규칙' '아프다, 바쁘다, 나쁘다, 고프다, 예쁘다, 슬프다, 기쁘다'의 의미를 알고 '-아/어/해요' 형태로 말할 수 있어요. 我了解'—不规则变化', '아프다, 바쁘다, 나쁘다, 고프다, 예쁘다, 슬프다, 기쁘다'的意思，并且可以用'-아/어/해요'的形式进行表达。		

4과
第4课

오늘 노래방에 같이 갈 수 있어요?

今天可以一起去练歌房吗?

- 여러분은 취미가 뭐예요? 大家的爱好是什么?
- 여러분은 어떤 음식을 좋아해요? 大家喜欢什么食物?

학습 목표 学习目标

1. 가능과 능력을 의미하는 '-(으)ㄹ 수 있다'를 사용하여 말할 수 있어요.
   可以使用表示可能和能力意思的'-(으)ㄹ 수 있다'进行表达。

2. '-(으)ㄹ 수 없다'를 사용하여 불가능을 표현할 수 있어요.
   可以使用'-(으)ㄹ 수 없다'表达不可能。

3. 나는 '못-'을 사용하여 불가능을 표현할 수 있어요.
   我可以使用'못-'表达不可能。

4. '-아/어/해 주세요'를 사용하여 다른 사람에게 부탁할 수 있어요.
   可以使用'-아/어/해 주세요'向他人提出请求。

PART 1 　어휘 词汇

취미 爱好

하다

 수영(을) 하다
 게임(을) 하다
 태권도(를) 하다
 운전(을) 하다
 노래(를) 하다

 축구(를) 하다
 야구(를) 하다
 배구(를) 하다
 농구(를) 하다
 운동(을) 하다

타다

 자전거를 타다
 오토바이를 타다
 자동차를 타다
 스케이트 보드를 타다
 스키를 타다

치다

 배드민턴을 치다
 테니스를 치다
 골프를 치다
 당구를 치다
 피아노를 치다

> **TIP**
> 운동을 나타내는 표현에는 '하다', '치다', '타다'가 있어요. 공으로 하는 운동인 '축구', '야구', '농구', '배구'는 동사 '하다'를 사용해요.
> 表达运动的表达方式有'하다', '치다', '타다'。用球进行的运动如'足球', '棒球', '篮球', '排球'与动词'하다'一起使用。

학습 어휘 学习词汇

- 취미 爱好
- (축구/야구/농구) 경기를 보다 看（足球/棒球/篮球）比赛
- 노래방 练歌房
- 부탁하다 请求
- 아침에 일어나다 早晨起床
- 생일 生日
- 맛집을 찾다 找美食店
- 모닝콜을 하다 叫早
- PC 방 网吧
- 헬스장 健身房
- (가격을) 깎다 讲价
- 빌리다 借
- 모임에 가다 去聚会
- 브이로그를 찍다 拍摄Vlog
- 수영장 游泳池，游泳馆
- 선물을 주다 送礼物
- 스키장 滑雪场
- 케이크 蛋糕

연습 练习

 1. 다음 그림을 보고 알맞은 표현을 쓰세요.
请看下图并写出正确的表达。

PART 1 어휘

2. 다음 중 공통으로 들어갈 단어를 고르세요. (   )
请从下列选项中选择符合所有句子的单词。

· 오늘 오후에 저는 테니스를 _____ .
· 안톤 씨는 골프를 _____ .
· 지원 씨는 피아노를 _____ .

① 해요　　　② 타요　　　③ 쳐요

3. 다음 중 _____에 들어갈 수 없는(X) 것을 고르세요. (   )
请从下列选项中选择不能填入横线部分的选项。

· 저는 _____ 해요.

① 축구를　　② 자전거를　　③ 태권도를　　④ 배구를

PART 2 　문법 语法

문법 1　-(으)ㄹ 수 있다 / 없다

지원　하루카 씨, 자전거를 탈 수 있어요?
하루카　네, 자전거를 탈 수 있어요.

줄리앙　퓨퓨아웅 씨, 수영할 수 있어요?
퓨퓨아웅　아니요, 수영할 수 없어요.

루카　에릭 씨, 축구를 같이 할 수 있어요?
에릭　네, 축구를 (같이) 할 수 있어요.
　　　/미안해요, 오늘 바빠요.
　　　축구를 (같이) 할 수 없어요.

TIP

'-(으)ㄹ 수 있어요?'는 '같이'와 사용하면 청유의 의미를 나타내요. (2과. '-(으)ㄹ까요?' 와 비슷해요.) 대답을 할 때는 '같이'를 사용하지 않아도 돼요. 그리고 '함께 하자'는 것을 거절할 때는 "미안해요." 라고 대답해요.
'-(으)ㄹ 수 있어요?'与 '같이'一起使用时，表示请求的意思。（与第二课的'-(으)ㄹ까요?'类似。）在回答时，不使用'같이'也行。如果拒绝'一起做'的请求，可以回答"对不起"。

문법 사용 语法使用

- '-(으)ㄹ 수 있다'는 어떤 일을 하는 것이 가능하다는 의미와 어떤 행동에 대한 능력이 있는지를 나타내요.
  '-(으)ㄹ 수 있다' 表示做某事是可能的，以及是否具有某种行为的能力。

■ V + -(으)ㄹ 수 있다

의미	어떤 일을 하는 것이 가능하다는 의미 + 어떤 행동에 대한 능력 표현 表示做某事是可能的 + 表示某种行为的能力			
형태 변화	받침 O	먹다: 먹을 수 있다 - 먹을 수 있어요 *듣다: 들을 수 있다 - 들을 수 있어요 (듣을 수 있다 X)	받침 X, 받침 ㄹ	가다: 갈 수 있다 - 갈 수 있어요 마시다: 마실 수 있다 - 마실 수 있어요 *만들다: 만들 수 있다 - 만들 수 있어요 (만들을 수 있다 X)

4과_오늘 노래방에 같이 갈 수 있어요?　71

PART 2 > 문법

> **TIP**
>
> 상황에 따라 '-(으)ㄹ 수 있어요'는 능력의 의미일 수도, 가능의 의미일 수도 있어요. 어떤 것을 배우거나 어떤 일의 방법을 알고 있다면 능력이라고 할 수 있어요.
> 根据情况，'-(으)ㄹ 수 있어요' 可以表示能力，也可以表示可能。如果你学习了什么或知道什么事情的方法，就可以说是能力。
>
> 예) ① 저는 내일 영화를 볼 수 있어요.   → (가능) 可能
>   ② 저는 태권도를 할 수 있어요.   → (능력) 能力

[예문]

· 에릭: 지원 씨, 스키를 탈 수 있어요?
  지원: 네, 스키를 탈 수 있어요.

· 저는 한국어를 배우고 있어요. 한국어 책을 읽을 수 있어요.
· 같이 영화를 볼 수 있어요?

문법 사용 语法使用

- '-(으)ㄹ 수 없다'는 어떤 일을 하는 것이 불가능하다는 표현이에요.
  '-(으)ㄹ 수 없다' 表示做某事是不可能的。

■ V + -(으)ㄹ 수 없다

의미	어떤 일을 하는 것이 불가능하다는 표현 表示做某事是不可能的			
형태 변화	**받침 O**	먹다: 먹을 수 없다 - 먹을 수 없어요 *듣다: 들을 수 없다 - 들을 수 없어요 (듣을 수 없다 X)	**받침 X, 받침 ㄹ**	가다: 갈 수 없다 - 갈 수 없어요 마시다: 마실 수 없다 - 마실 수 없어요 *만들다: 만들 수 없다 - 만들 수 없어요 (만들을 수 없다 X)

[예문]

· 나는 피아노를 칠 수 없어요.
· 하루카: 아루잔 씨, 같이 야구 경기를 볼 수 있어요?
  아루잔: 미안해요. (같이 야구 경기를) 볼 수 없어요.
· 지금 바빠요. 같이 농구를 할 수 없어요.

표에 쓰세요. 请在表格里写出来。

-(으)ㄹ 수 있어요		-(으)ㄹ 수 없어요	
게임하다	게임할 수 있어요	공부하다	공부할 수 없어요
운전하다		노래하다	
창문을 열다		브이로그를 찍다	
음악을 듣다		자전거를 타다	

연습 练习

 보기 와 같이 말하세요.
请仿照例子说。

보기

안톤 　 아루잔 씨는 배드민턴을 칠 수 있어요?
아루잔 　 네, 배드민턴을 칠 수 있어요.

왕페이 　 퓨퓨아웅 씨는 스키를 탈 수 있어요?
퓨퓨아웅 　 아니요, 스키를 탈 수 없어요.

1)

지원 　 후이 씨는 _____ ?
후이 　 네, _____ .

2)

줄리앙 　 안톤 씨는 _____ ?
안톤 　 아니요, _____ .

3)

에릭 　 하루카 씨, 같이 _____ ?
하루카 　 네, _____ .

PART 2 문법

문법 2 못-

지원	후이 씨, 떡볶이를 만들 수 있어요?	줄리앙	퓨퓨아웅 씨, 수영할 수 있어요?
후이	아니요, 떡볶이를 만들 수 없어요.	퓨퓨아웅	아니요, 수영할 수 없어요.
	아니요, 떡볶이를 **못 만들어요**.		아니요, **수영 못 해요**.

문법 사용 语法使用

- '못-'은 '-(으)ㄹ 수 없다'와 같아요. 일반 동사(먹다, 읽다, 가다, 듣다……)와 사용할 때는 '못+V' 형태로 사용해요. 그런데 N+하다(공부하다, 운동하다, 수영하다, 게임하다……)와 사용할 때는 'N+못+하다' 형태로 사용해요.
'못-'和'-(으)ㄹ 수 없다'是一样的。和一般动词 (먹다, 읽다, 가다, 듣다… 吃、读、去、听…) 一起使用时，形式是'못+V(动词)'。但和N(名词)+하다 (공부하다, 운동하다, 수영하다, 게임하다… 学习、运动、游泳、游戏…) 一起使用时，形式是'N(名词)+못+하다'。

■ 못 + V

의미	어떤 일을 하는 것이 불가능하다는 의미 表示做某事是不可能的		
형태 변화	동사(V)	먹다 - 못 먹어요 가다 - 못 가요 *듣다 - 못 들어요	N + 하다
			청소하다 - 청소 못 해요 (못 청소해요 X) 빨래하다 - 빨래 못 해요 (못 빨래해요 X) 쇼핑하다 - 쇼핑 못 해요 (못 쇼핑해요 X)

[예문]

- 나는 게임을 못 해요.
- 지원 씨는 술을 못 마셔요.
- 오늘은 바빠요. 쇼핑 못 해요.

TIP

못 해요 [모태요]

TIP

① '안-'과 '못-'은 비슷하지만 다른 점이 많아요. '안-'은 '나는 할 수 있어요. 그런데 하고 싶지 않아요.'라는 뜻이에요. 그런데 '못-'은 '나는 하고 싶어요. 그런데 할 수 없어요' 라는 뜻이에요.
'안-' 和 '못-' 相似但有很多不同点。'안-' 的意思是'我不想做'。而 '못-' 的意思是'我想做，但不能做'。

- 저는 밥을 안 먹어요. → 밥을 먹고 싶지 않아요. 不想吃饭。
- 저는 밥을 못 먹어요. → 밥을 먹고 싶어요. 그런데 밥을 먹을 수 없어요. 想吃饭，但不能吃。

② 어떤 일에 대한 능력의 정도를 나타낼 때, 우리는 '못-'과 '잘-'을 사용할 수 있어요.
表示某种能力的程度时，我们可以使用'못-'和'잘-'。

노래를 못해요
못 해요(X)

노래를 잘해요
잘 해요(X)

③ '못 해요'와 '못해요'는 상황에 따라 의미가 달라질 수 있어요.
'못 해요'和'못해요'根据情况其意思可能会不同。

노래를 못 해요   노래를 못해요

④ 춤을 추다 ↔ 춤을 못 추다
일반적으로 'N+하다' 동사일 때만 'N+못+하다' 형태가 나타나지만, '춤'이 명사이기 때문에 '춤추다'는 예외적으로 '춤을 못 추다'라고 할 수 있어요.
一般来说，只有'N(名词)+하다'的动词才用'N(名词)+못+하다'形式，但因为'춤'是名词，所以'춤추다'例外地可以说'춤을 못 추다'。

· 에릭 씨는 춤을 잘춰요. 그런데 저는 다리가 아파요. 그래서 춤을 못 춰요.

📝 **표에 쓰세요.** 请在表格里写出来。

못-			
오다	못 와요	말하다	
자다		운전하다	
사다		숙제하다	
만들다		전화하다	
마시다		걷다	

PART 2 문법

연습 练习

 보기와 같이 말하세요.
请仿照例子说。

보기

줄리앙 후이 씨, 오늘 회사에 가요?
후이   아니요, 회사에 **못** 가요. 배가 아파요.

1)

루카 에릭 씨, 오늘 친구를 만나요?
에릭 아니요, _____ .
       너무 바빠요.

2)

지원 안톤 씨, 김치를 먹어요?
안톤 아니요, _____ .

3)

아루잔 줄리앙 씨,
         스케이트 보드를 탈 수 있어요?
줄리앙 아니요, _____ .

4)

퓨퓨아웅 아루잔 씨, 운전할 수 있어요?
아루잔   아니요, _____ .

문법 3 -아/어/해 주세요

엄마, 책을 읽어 주세요.

창문을 닫아 주세요.

문법 사용 语法使用

- '-아/어/해 주세요'는 동사와 함께 사용하여 특정한 행동을 부탁할 때 사용할 수 있어요. 앞에서 배운 문법인 '-(으)ㄹ 수 있다'와 함께 사용하면 더 공손하게 부탁할 수 있어요.
'-아/어/해 주세요' 语法和动词一起使用，可以用于请求某个特定的行为。
如果和前面学过的语法 '-(으)ㄹ 수 있다' 一起使用，可以更加礼貌地进行请求。

■ V + -아/어/해 주세요

의미	다른 사람에게 어떤 행동을 부탁할 때 사용함 用于请求他人做某个行为		
형태 변화	동사(V)	ㅏ, ㅗ (O)	받다 - 받아 주세요 오다 - 와 주세요
		ㅏ, ㅗ (X)	열다 - 열어 주세요 가르치다 - 가르쳐 주세요 *주다 - 주세요 (줘 주세요 X) *듣다 - 들어 주세요 (듣어 주세요 X)
	하다		청소하다 - 청소해 주세요. 요리하다 - 요리해 주세요

[예문]

· 선생님, 한국어를 가르쳐 주세요.   · 잠시만 기다려 줄 수 있어요?

 표에 쓰세요. 请在表格里写出来.

-아/어/해 주세요				
말하다	말해 주세요	만들다	
읽다		가르치다	
보다		나가다	
듣다		기다리다	

PART 2 문법

연습 练习

 보기 와 같이 말하세요.
请仿照例子说。

보기

후이   줄리앙 씨, 펜 있어요?
줄리앙   네, 펜 있어요.
후이   그럼 펜을 빌려 주세요.

1)

직원   전화번호를 _____.(말하다)
아루잔   010-1234-9876이에요.

2)

하루카   루카 씨, 지금 배드민턴을 칠까요?
루카   네, 잠시만 _____.(기다리다)

3)

에릭   퓨퓨아웅 씨, 뭐 해요?
퓨퓨아웅 김밥을 만들고 있어요.
         에릭 씨, 앞에 있는 김을 좀 _____.(주다)

4)

줄리앙   왕페이 씨, 골프를 칠 수 있어요?
왕페이   네, 골프를 칠 수 있어요.
줄리앙   그럼 이번 주말에 골프를 좀 _____.(가르치다)

PART 3 연습 练习

보기의 문법을 사용하여 대화문을 완성하세요.
请用例子中的语法完成对话。

| 보기 | -(으)ㄹ 수 있다 | 못- | -아/어/해 주세요 |

1)
지원: 오늘 줄리앙 씨 생일이에요. 선물을 주고 싶어요.
줄리앙: 고마워요. 무슨 선물을 주고 싶어요?
지원: 술 어때요?
줄리앙: 미안해요, 저는 술을 _____.(마시다)
지원: 그럼 옷 어때요?
줄리앙: 그래요. 그럼 옷을 _____.(사다)

2)
에릭: 루카 씨, _____?(수영하다)
루카: 네. 저는 수영을 잘해요. 에릭 씨는요?
에릭: 저는 _____.(수영하다)
수영을 배우고 싶어요.
루카: 제가 수영을 가르쳐 줄까요?
에릭: 좋아요. 주말에 수영을 _____.(가르치다)

3)
아루잔: 퓨퓨아웅 씨, 같이 여행 갈까요?
퓨퓨아웅: 좋아요. 아루잔 씨는 _____?(운전하다)
아루잔: 네, 할 수 있어요. 퓨퓨아웅 씨는요?
퓨퓨아웅: 저는 _____.(운전하다)
아루잔: 그럼 제가 운전할까요? 퓨퓨아웅 씨가
맛집을 _____.(찾다)
퓨퓨아웅: 네, 좋아요.

4과_오늘 노래방에 같이 갈 수 있어요?

PART 4 듣기 听力

🔊 **1. 다음을 듣고 O, X 하세요.** 🎧 4-4
请听下面的内容并判断对错。

1) 줄리앙 씨는 노래를 잘해요. ( )
2) 퓨퓨아웅 씨는 스키를 탈 수 있어요. ( )
3) 퓨퓨아웅 씨와 줄리앙 씨는 내일 만날 거예요. ( )
4) 퓨퓨아웅 씨와 줄리앙 씨는 오늘 헬스장에 갈 거예요. ( )

🔊 **2. 다음을 듣고 질문에 답하세요.** 🎧 4-5
请听下面的内容并回答问题。

1) 하루카 씨와 아루잔 씨는 몇 시에 같이 운동해요?
晴香和阿露珍几点一起运动?

① 6시　　② 6시 30분　　③ 7시　　④ 7시 30분

2) 다음 중 알맞은 것을 고르세요.
请从以下选项中选出正确的答案。

① 하루카 씨는 운동 못 해요.　　② 하루카 씨는 아침에 잘 일어나요.
③ 아루잔 씨는 6시 30분에 전화해요.　　④ 아루잔 씨는 내일 운동할 수 없어요.

🔊 **3. 다음을 듣고 질문에 답하세요.** 🎧 4-6
请听下面的内容并回答问题。

1) 다음 중 알맞은 것을 고르세요.
请从以下选项中选出正确的答案。

① 지원 씨는 수영장에 안 가요.　　② 지원 씨는 헬스장에 안 가요.
③ 지원 씨는 점심을 먹을 수 없어요.　　④ 지원 씨는 한국어를 가르칠 수 없어요.

2) 지원 씨의 하루 일정으로 알맞은 것을 고르세요.
请选择符合智媛的一天的选项。

① 오전 6시: 집에 있어요.　　② 오후 5시: 학교에 있어요.
③ 오후 7시: 수영장에 있어요.　　④ 오후 9시: 헬스장에 있어요.

PART 5　말하기 口语

1. 여러분은 어떤 것을 잘 할 수 있어요? 3가지 이상 말해 보세요.
   大家能做哪些事情？请说三件以上。

2. 여러분은 어떤 것을 할 수 없어요? 3가지 이상 말해 보세요.
   大家不能做哪些事情？请说三件以上。

3. 선생님에게 / 친구에게 부탁하고 싶은 것이 있어요? 3가지 이상 말해 보세요.
   有想向老师/朋友请求的事情么？请说三件以上。

> **TIP**
> -에게: 다른 사람에게 하는 행동 앞에 '-에게' 라고 할 수 있어요. 조사 '-에게' 뒤에는 '주다, 묻다, 말하다, 가르치다, 배우다, 가다, 오다 등'와 같이 다른 사람에게 무언가를 해 주는 동사가 오는 경우가 많아요.
> -에게: 在对他人做某种行为的前面，可以说'-에게'。在助词'-에게'后面，通常接'주다, 묻다, 말하다, 가르치다, 배우다, 가다, 오다'等为他人做某事的动词。

[예문]
· 남자친구가 여자친구에게 선물을 줘요.　　· 선생님이 아루잔 씨에게 한국어를 가르쳐요.

PART 6　활동 活动

1. 친구는 무엇을 잘 할 수 있을까요? 생각하면서 5가지를 써 보세요. 그리고 친구에게 물어보세요.
   朋友擅长做什么? 请边想边写五件事。然后问问朋友吧。

	친구 이름 朋友名字: 친구 _____ (은/는) ~ -(으)ㄹ 수 있어요.	친구의 대답 朋友的回答
1		
2		
3		

2. 내가 먹을 수 없는 / 못 먹는 음식이 뭐예요? 나의 대답을 칠판에 써 보세요.
   我不能吃的食物是什么? 请把我的回答写在黑板上。

- 내가 먹을 수 있는 음식은 뭐예요?
  我能吃的食物是什么?

- 내가 먹을 수 없는 음식은 뭐예요?
  我不能吃的食物是什么?

- 나는 먹을 수 있어요. 하지만 친구는 먹을 수 없는 음식이 있어요?
  有我能吃但朋友不能吃的食物吗?

- 어떻게 하면 맛있게 먹을 수 있을까요? '-아/어/해 주세요'를 사용해서 이야기해 보세요.
  怎么才能吃得美味呢? 使用 '-아/어/해 주세요' 说说看吧。

PART 7   자가 점검 自我检测

	질문 问题	네 是	아니요 不是
1	나는 가능과 능력을 의미하는 '-(으)ㄹ 수 있다'를 사용하여 말할 수 있어요. 我可以使用表示可能和能力的'-(으)ㄹ 수 있다'进行表达。		
2	나는 '-(으)ㄹ 수 없다'를 사용하여 불가능을 표현할 수 있어요. 我可以使用'-(으)ㄹ 수 없다'来表达不可能。		
3	나는 '못-'을 사용하여 불가능을 표현할 수 있어요. 我可以使用'못-'来表达不可能。		
4	나는 '-아/어/해 주세요'를 사용하여 다른 사람에게 부탁할 수 있어요. 我可以使用'-아/어/해 주세요'来向他人进行请求。		

5과
第5课

어제 뭐 했어요?

昨天做什么了?

- 오늘은 몇 월 며칠이에요? 今天是几月几号?
- 오늘 뭐 해요? 어제는요? 어제 뭐 했어요?
  今天做什么? 昨天呢? 昨天做了什么?
- 그림을 보고 이야기해요. 이 사람은 왜 아파요?
  看图说话。这个人为什么不舒服?

학습 목표 学习目标

1. 날짜와 요일 단어를 알고 말할 수 있어요.
   可以了解并说出日期和星期的单词。

2. '-았/었/했-'을 사용하여 과거의 일을 이야기할 수 있어요.
   可以使用'-았/었/했-'来讲述过去的事情。

3. '-아/어/해서(1)'를 사용하여 어떤 일의 이유를 이야기할 수 있어요.
   可以使用'-아/어/해서(1)'来解释某件事情的原因。

PART 1　어휘 词汇

날짜 日期

지난달 → 이번 달 → 다음 달
5월　6월　7월
작년　올해　내년
2024년　2025년　2026년

SUN 일요일	MON 월요일	TUE 화요일	WED 수요일	THU 목요일	FRI 금요일	SAT 토요일
4	5	6	7	8	9	10
11	12	13 그저께	14 어제	15 오늘	16 내일	17 모레
18	19	20	21	22	23	24
25	26	27	28	29	30	

지난주 / 이번 주 / 다음 주

TIP
년, 월, 일 앞의 숫자는 한자어 숫자와 함께 사용해요. 그리고 한국에서는 날짜를 쓸 때, 년, 월, 일 순서로 써요.
年、月、日前面的数字使用汉字词数字。还有在韩国写日期时，按年、月、日的顺序写。

[예문]
- 2024/01/01 → 2024년 1월 1일 (이천이십사년 일월 일일)
- 2025/03/21 → 2025년 3월 21일 (이천이십오년 삼월 이십일일)

학습 어휘 学习词汇

- 학기 学期
- 지각하다 迟到
- 선물을 받다 收到礼物
- 병원 医院
- 가족 家人
- 기분이 좋다/나쁘다 心情好/不好
- 아이스크림 冰淇淋
- 배고프다 饿
- 오래 很长时间

- 방학 放假
- 고향 故乡
- 생일을 축하하다 祝贺生日
- 약 药
- 왜 为什么
- 현재 现在
- 늦잠 懒觉
- 많이 很多

- 예전(에) 以前(当时)
- 비행기표 飞机票
- 배 肚子
- 과거 过去
- 미래 未来
- 일찍 早
- 명동 明洞

> **TIP**
>
> '배'는 발음은 같지만 뜻은 세 가지(과일 배 🍐, 사람 몸의 배 🧍, 바다에 뜬 배 ⛵)가 있어요.
> '배' 发音相同，但有三种意思(水果---梨、人身体的肚子、漂浮在海上的船)。

연습 练习

1. 다음 달력의 빈 칸을 채우세요.
   请填满下面日历的空格。

   오늘   어제   그저께   내일   모레   지난주   이번 주   다음 주

   2025 / 11

SUNDAY	MONDAY	TUESDAY	WEDNESDAY	THURSDAY	FRIDAY	SATURDAY
						1
2	3	4	5	6	7	8
9	10	11	12 (오늘)	13	14	15
16	17	18	19	20	21	22
23	24	25	26	27	28	29
30						

2. 다음 날짜와 요일을 한글로 쓰세요.
   请用韩文写出下面的日期和星期。

   1) 2024/10/07 (星期一)   → _____
   2) 2025/03/25 (星期二)   → _____
   3) 2027/07/21 (星期三)   → _____
   4) 2026/01/01 (星期四)   → _____
   5) 2025/08/15 (星期五)   → _____
   6) 2028/11/11 (星期六)   → _____
   7) 2026/05/10 (星期日)   → _____

PART 2 문법 语法

문법 1 -았/었/했-

에릭 어제 뭐 **했어요**?
후이 어제 친구들을 **만났어요**.

안톤 왕페이 씨, 오늘 왜 **지각했어요**?
왕페이 오늘 늦잠을 잤어요. 그래서 **지각했어요**.

문법 사용 语法使用

- 시간의 흐름에 따라서 서로 다른 문법을 사용해요. 과거의 일을 이야기할 때는 '-았/었/했-' 문법을 사용해요.
  根据时间的变化使用不同的语法。当谈论过去的事情时，使用'-았/었/했-'语法。

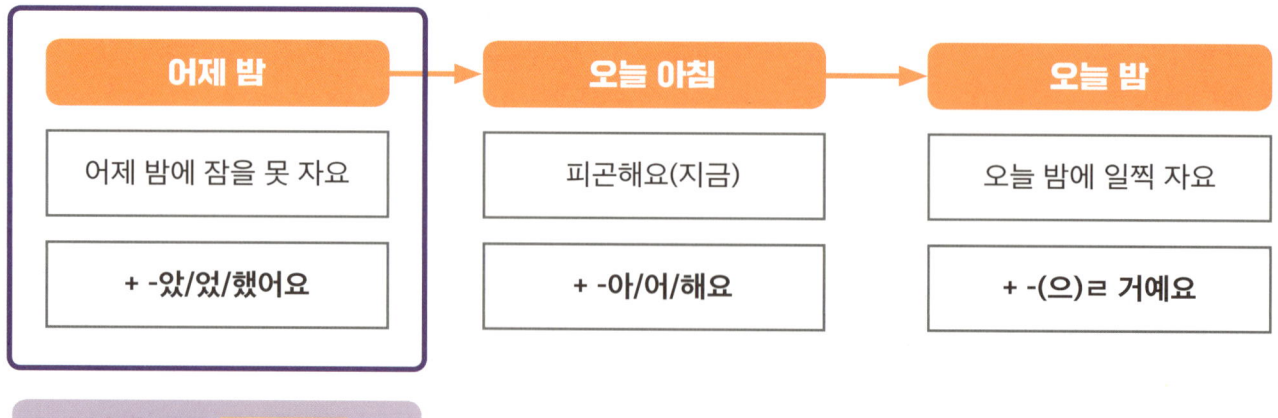

어제 잠을 **못** 잤어요

■ A/V + -았/었/했-

의미	과거의 일을 말함 指过去的事情		
형태 변화	동사(V) 형용사(A)	ㅏ, ㅗ (O)	좋다 - 좋아요 - 좋**았어요** 가다 - 가요 - **갔어요** *보다 - 봐요 - **봤어요**
		ㅏ, ㅗ (X)	먹다 - 먹어요 - 먹**었어요** 싫다 - 싫어요 - 싫**었어요** *듣다 - 들어요 - **들었어요** (듣었어요 X) *아프다 - 아파요 - 아**팠어요** (아프었어요 X)
	명사(N) + 이다		책상 - 책상이에요 - 책상**이었어요** 가수 - 가수예요 - 가수**였어요**
	하다		공부하다 - 공부해요 - 공부**했어요** 똑똑하다 - 똑똑해요 - 똑똑**했어요**

[예문]

· 어제 너무 피곤했어요.   · 지난주에 골프를 쳤어요.   · 어제 영화관에서 영화를 봤어요.

 표에 쓰세요. 请在表格里写出来。

	-았/었/했-		
읽다	읽었어요	맛없다	
걷다		운동하다	
배우다		행복하다	
보다		재미있다	
기쁘다		방학	
마시다		아이	

PART 2 문법

연습 练习

 보기 와 같이 말하세요.
请仿照例子说。

보기

지원　루카 씨, 어제 뭐 했어요?
루카　명동에서 친구를 만났어요.

1)

퓨퓨아웅　에릭 씨, 지난주에 뭐 _____ ?
에릭　　　공원에서 배드민턴을 _____ .

2)

지원　　하루카 씨는 작년에 어디에 _____ ?
하루카　저는 작년에 일본에 _____ .

3)

왕페이　안톤 씨는 방학에 뭐 _____ ?
안톤　　저는 방학에 고향에서 가족을 _____ .

4)

줄리앙　후이 씨, 어제 저녁에 뭐 _____ ?
후이　　어제 저녁에 피자를 _____ .

문법 2 -아/어/해서 (1)

루카 아루잔 씨, 왜 모임에 못 갔어요?
아루잔 일이 너무 **많아서** 못 갔어요.

퓨퓨아웅 지원 씨, 왜 배고파요?
지원 아침에 밥을 못 **먹어서** 배고파요.

문법 사용 语法使用

- '-아/어/해서'는 서로 다른 두 문장을 연결하는 문법이에요. 보통 이유나 원인을 나타내요.
  '-아/어/해서'是连接两个不同句子的语法，通常表示原因或理由。

- 왜 피곤해요? → 일이 **많아서** 피곤해요. = 일이 많아요. 그래서 피곤해요.

■ A/V -아/어/해서

의미	어떤 일이 일어난 이유를 말함 解释某件事情发生的原因		
형태 변화	동사(V) 형용사(A)	ㅏ, ㅗ (O)	좋다 - 좋**아서** 만나다 - 만나**서**
		ㅏ, ㅗ (X)	먹다 - 먹**어서** 가르치다 - 가르쳐**서** *듣다 - 들**어서** (듣어서 X) *나쁘다 - 나빠**서** (나쁘어서 X)
	하다		공부하다 - 공부**해서** 좋아하다 - 좋아**해서**

PART 2 문법

[예문]
- 하루카 씨는 배가 아파서 병원에 갔어요.
- 안톤 씨는 시간이 없어서 친구를 못 만났어요.

TIP

'-아/어/해서' 문법은 항상 현재 시제(-아/어/해요)로 사용해요. 과거시제로 사용할 수 없어요.
'-아/어/해서'语法总是以现在时(-아/어/해요)使用，不能与过去时一起使用。

[예문]
- 밥을 못 먹었어요. 그래서 배고파요.   → 밥을 못 **먹어서** 배고파요. (먹었어서(X))
- 시간이 없었어요. 그래서 친구를 못 만났어요.   → 시간이 없어서 친구를 못 만났어요. (없었어서(X))

TIP

'-아/어/해서' 문법은 명령과 청유의 의미를 나타내는 문장과는 사용할 수 없어요.
'-아/어/해서'语法不能与表示命令和请求意思的句子一起使用。

- 명령: 예) -아/어/해 주세요.
  命令: 例如) -아/어/해 주세요。
- 청유: 예) -(으)ㄹ까요?
  请求: 例如) -(으)ㄹ까요?

[예문]
- 밥을 못 먹어서 밥 먹을까요? (X)
- 떡볶이가 먹고 싶어서 만들어 주세요. (X)

 표에 쓰세요. 请在表格里写出来。

-아/어/해서			
싫다	싫어서	재미있다	
오다		기다리다	
걷다		산책하다	
만들다		운전하다	
배우다		행복하다	
예쁘다		슬프다	
기쁘다		마시다	

연습 练习

 보기 와 같이 말하세요.
请仿照例子说。

보기

안톤 　지원 씨, 오늘 왜 기분이 좋아요?
지원 　오늘 날씨가 **좋아서** 기분이 좋아요.

1)

루카 　왕페이 씨, 왜 피곤해요?
왕페이 　운동을 _____ 피곤해요.

2)

지원 　줄리앙 씨, 지난달에 고향에 갔어요?
줄리앙 　아니요, 비행기 표가 너무 _____ 못 갔어요.

3)

지원 　하루카 씨, 숙제 끝냈어요?
하루카 　아니요, 숙제가 너무 _____ 못 끝냈어요.

4)

후이 　에릭 씨, 오늘 운동했어요?
에릭 　아니요, 오늘은 너무 _____ 운동 못했어요.

PART 3 연습 练习

보기 와 같이 연습해 보세요.
请仿照例子练习。

| 보기 | -았/었/했- -아/어/해서 |

1)
왕페이: 에릭 씨, 어제 왜 모임에 안 _____?(오다)
에릭: 저는 어제 머리가 _____(아프다) 모임에 못 _____.(가다)
왕페이: 그래요? 지금은 어때요?
에릭: 지금은 안 아파요. 고마워요.

2)
퓨퓨아웅: 하루카 씨, 방학에 뭐 _____?(하다)
하루카: 방학에 바다에 _____(가다)
저는 수영을 _____(좋아하다)
바다에서 _____.(수영하다)

3)
지원: 후이 씨, 주말에 뭐 했어요?
후이: 저는 지난 주말에 집에서 불고기를 _____.(만들다)
지원: 그래요? 맛있었어요?
후이: 아니요, 제가 요리를 _____(못하다)
_____.(맛없다)

PART 4 듣기 听力

 1. 다음을 듣고 알맞은 것을 고르세요. 5-3
请听下面的内容，然后选择正确的答案。

① 아루잔 씨는 회사원이에요.
② 줄리앙 씨는 어제 지각했어요.
③ 아루잔 씨는 게임을 하고 싶었어요.
④ 줄리앙 씨는 게임을 밤 12시에 멈췄어요.

2. 다음을 듣고 질문에 답하세요. 5-4
请听下面的内容并回答问题。

1) 다음 중 알맞은 것을 고르세요.
请从以下选项中选出正确的答案。

① 지원 씨는 금요일에 집에 있었어요.
② 지원 씨는 토요일에 회사에 갔어요.
③ 지원 씨는 명동의 '한국 식당'을 좋아해요.
④ 지원 씨는 여름 옷이 많아서 쇼핑을 안 했어요.

2) 지원 씨는 무엇을 했어요? 알맞은 답을 고르세요.
智媛做了什么？请选择正确的答案。

① 월요일: 선생님을 만났어요.
② 화요일: 집에서 청소했어요.
③ 수요일: 명동에 갔어요.
④ 목요일: 겨울 옷을 샀어요.

PART 5 말하기 口语

1. 어제 뭐 했어요? 3가지 이상 이야기해 보세요.
   昨天做了什么？请说出三件以上的事情。

2. 지난주에 뭐 했어요? 3가지 이상 이야기해 보세요.
   上周做了什么？请说出三件以上的事情。

3. 작년에 뭐 했어요? 3가지 이상 이야기해 보세요.
   去年做了什么？请说出三件以上的事情。

4. 다음 문장을 보고 어떤 이유나 원인이 있었을지 이야기해 보세요.
   看下面的句子，说说可能有什么原因或理由。

	-아/어/해서	결과 结果
1		피곤해요
2		행복해요
3		한가해요
4		배가 아파요
5		옷을 샀어요
6		머리가 아파요
7		요리를 잘해요
8		기분이 좋아요
9		기분이 나빠요
10		방이 깨끗해요
11		한국어를 잘해요
12		수업에 지각했어요
13		방학에 고향에 갔어요

PART 6　활동 活动

1. 어제 여러분의 모습을 그려 보세요. 어떤 옷을 입었어요?
请画一下昨天大家的样子。穿了什么衣服?

> 치마를 입다　바지를 입다　티셔츠를 입다　모자를 쓰다　안경을 끼다　목도리를 하다
> 가방을 매다　가방을 들다　귀걸이를 하다　목걸이를 하다　장갑을 끼다　가방을 메다

2. 지난주 월요일~금요일에 뭐 했어요? 친구와 선생님에게 이야기해 보세요.
上周一到周五做了什么? 请同时向朋友和老师说一下日程安排。

월요일	화요일	수요일	목요일	금요일

PART 7 자가 점검 自我检测

	질문 问题	네 是	아니요 不是
1	나는 날짜와 요일 단어를 사용하여 과거의 일을 말할 수 있어요. 我可以使用日期和星期的单词来表述过去的事情。		
2	나는 과거의 일을 나타내는 '-았/었/했-'을 사용하여 말할 수 있어요. 我可以使用表示过去事情的'-았/었/했-'进行表达。		
3	나는 어떤 일의 이유를 나타내는 '-아/어/해서'를 사용하여 말할 수 있어요. 我可以使用表示原因的'-아서/어서/해서'进行表达。		

MEMO

6과
第6课

날씨가 좋으면 어디에 갈 거예요?

如果天气好的话，会去哪里？

- 오늘 날씨가 어때요? 今天的天气怎么样?
- 오늘 뭐 해요? 내일은요? 今天做什么? 明天呢?
- 여러분은 아침에 일어나서 뭐 해요?
  大家早上起床后做什么?

학습 목표 学习目标

1. 날씨, 계절 단어를 사용하여 이야기할 수 있어요.
   可以使用天气和季节的词汇进行表达。

2. '-(으)ㄹ 거예요'를 사용하여 미래의 일을 이야기할 수 있어요.
   可以使用'-(으)ㄹ 거예요'来表述未来的事情。

3. '-(으)면'을 사용하여 아직 일어나지 않은 일과 조건에 따른 결과를
   이야기할 수 있어요.
   可以使用'-(으)면'来表述尚未发生的事情及根据条件决定的结果。

4. '-아/어/해서(2)'를 사용하여 순서를 이야기할 수 있어요.
   可以使用'-아/어/해서(2)'来表述顺序。

PART 1　어휘 词汇

날씨, 계절　天气、季节

덥다

따뜻하다

춥다

시원하다

쌀쌀하다

날씨가 맑다

날씨가 흐리다

바람이 불다

비가 오다 / 내리다

눈이 오다 / 내리다

우산

비가/눈이 그치다

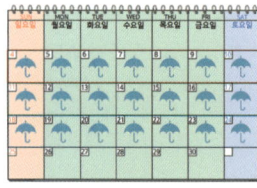
장마

날씨

일기예보

계절

봄

여름

가을

겨울

학습 어휘 学习词汇

- 딸 女儿
- 무겁다 重
- 가져가다 带去、带走
- 바다 大海
- 한복 韩服
- 감기에 걸리다 感冒
- 시험을 (잘 / 못) 보다 考试（考得好/考得不好）
- 꽃이 피다 / 꽃이 지다 花开/花谢
- 낙엽이 지다 落叶枯萎
- 세수하다 洗漱
- 무섭다 害怕
- 휴가 休假
- 눈사람 雪人
- (음식을) 주문하다 点菜、订餐
- 장학금 奖学金
- 맵다 辣
- 우산 雨伞
- 살이 찌다 发胖
- 부침개 煎饼
- (음식을) 배달하다 送餐、送外卖
- 음식 食物、餐食
- 부산 釜山

연습 练习

 1. 다음 빈 칸에 들어갈 알맞은 표현을 보기 에서 찾아서 쓰세요.
请从选项中找出恰当的表达写在下面的空格中。

보기	오다 불다 맑다

① 비가 _____   ② 눈이 _____

③ 바람이 _____   ④ 날씨가 _____

 2. 보기 와 같이 반대되는 단어를 쓰세요.
请仿照例子写出反义词。

보기	좋다 ↔ 나쁘다

① 덥다   ↔ _____

② 따뜻하다   ↔ _____

③ 날씨가 맑다 ↔ _____

④ 비가 내리다 ↔ _____

PART 2 문법 语法

문법 1 -(으)ㄹ 거예요

지원 후이 씨, 이번 주말에 뭐 먹을 거예요?
후이 이번 주말에 불고기를 먹을 거예요.

에릭 루카 씨, 내일 날씨가 어때요?
루카 내일 비가 올 거예요.

문법 사용 语法使用

- 시간의 흐름에 따라서 서로 다른 문법을 사용해요. 미래의 일을 이야기할 때는 '-(으)ㄹ 거예요' 문법을 사용해요.
  根据时间的变化使用不同的语法。当谈论未来的事情时使用'-(으)ㄹ 거예요'语法。

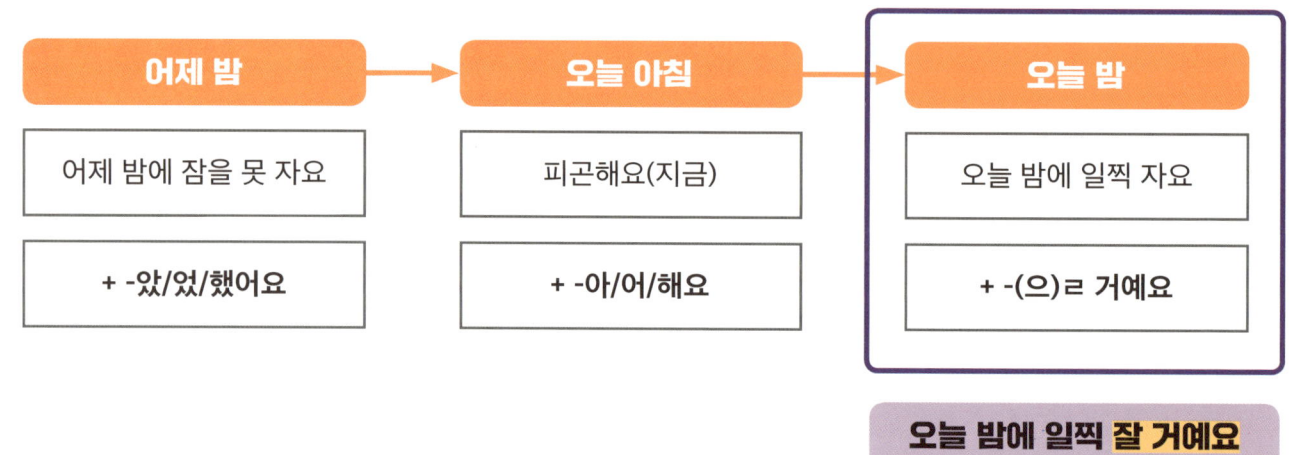

A/V + -(으)ㄹ 거예요

의미	미래의 일을 말함 指未来的事情	
형태 변화	받침 O	먹다: 먹어요 - 먹었어요 - 먹**을 거예요** 좋다: 좋아요 - 좋았어요 - 좋**을 거예요** *듣다: 들어요 - 들었어요 - 들**을 거예요** 　　　　　　　　　　　　　(듣을 거예요 X) *춥다: 추워요 - 추웠어요- 추**울 거예요**(TIP) 　　　　　　　　　　　　　(춥을 거예요 X)
	받침 X, 받침 ㄹ	가다: 가요 - 갔어요 - **갈 거예요** 오다: 오다 - 왔어요 - **올 거예요** *만들다: 만들어요 - 만들었어요 - 만**들 거예요** 　　　　　　　　　　　　　(만들을 거예요 X)

TIP

ㅂ 불규칙 /ㅂ/不规则变化
√ 덥다, 춥다, 가깝다, 맵다, 무겁다, 쉽다, 어렵다 + 아, 어, 으 ····· = ㅂ → 우
→ 덥다 + 아/어/해요 = 덥+어요 → 더우+어요 → 더워요

예)

	-아/어/해요	-아/어/해서	-았/었/했-	-(으)ㄹ 거예요	-(으)ㄹ 수 있어요
맵다	매워요	매워서	매웠어요	매울 거예요	매울 수 있어요
쉽다	쉬워요	쉬워서	쉬웠어요	쉬울 거예요	쉬울 수 있어요

※ 돕다, 곱다
: 예외적으로 다음과 같이 사용해요. 例外情况如下使用。

	-아/어/해요	-아/어/해서	-았/었/했-	-(으)ㄹ 거예요	-(으)ㄹ 수 있어요
돕다	도와요	도와서	도왔어요	도울 거예요	도울 수 있어요
곱다	고와요	고와서	고왔어요	고울 거예요	고울 수 있어요

- '돕다'는 주로 '-아/어/해 주세요'와 같이 사용해요.
  '돕다' 主要和 '-아/어/해 주세요' 一起使用。
  예) 도와 주세요!

※ 입다
: 받침이 ㅂ이지만 불규칙 단어가 아니에요. 虽然有/ㅂ/这个收音但不是不规则单词。

	-아/어/해요	-아/어/해서	-았/었/했-	-(으)ㄹ 거예요	-(으)ㄹ 수 있어요
입다	입어요	입어서	입었어요	입을 거예요	입을 수 있어요

[예문]

· 내일 빨간색 치마를 입을 거예요.　　· 떡볶이가 매웠어요.　　· 한국어가 쉬워요.

PART 2 문법

연습 练习

 보기와 같이 말하세요.
请仿照例子说。

보기

지원　아루잔 씨는 내일 뭐 할 거예요?
아루잔　내일 도서관에서 책을 읽을 거예요.

1)

후이　내일 날씨가 어때요?
에릭　내일 _____ .

2)
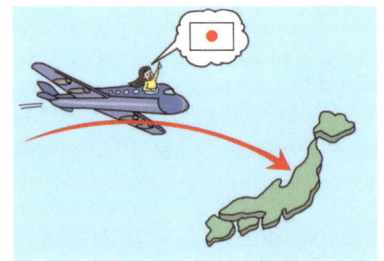

안톤　하루카 씨, 방학에 뭐 _____ ?
하루카　방학에 일본에 _____ .

3)

루카　몇 시에 점심을 _____ ?
퓨퓨아웅　12시에 점심을 _____ .

4)

줄리앙　지원 씨, 휴가에 뭐 _____ ?
허지원　살이 _____ (-아/어/해서) _____ .

문법 2 -(으)면

줄리앙 주말에 뭐 할 거예요?

후이 주말에 **날씨가 좋으면** 바다에 갈 거예요.

비가 오면 부침개를 먹을 거예요.

문법 사용 语法使用

- 아직 일어나지 않은 일을 가정해서 이야기할 때 그리고 어떤 상황의 조건을 설명할 때 '-(으)면'을 사용할 수 있어요. '-(으)면'은 앞에서 배운 '-(으)ㄹ 거예요'와 같이 사용할 때가 많아요.
设想尚未发生的事情进行表达时，以及说明某种情况的条件时可以使用'-(으)면'语法。'-(으)면'语法经常和前面学过的'-(으)ㄹ 거예요'语法一起使用。

■ A/V + -(으)면

의미	일어나지 않은 일을 가정해서 말하거나 조건의 의미로 말함 设想尚未发生的事情进行表达或指作为条件的意思			
형태 변화	**받침 O**	먹다: 먹**으면** 좋다: 좋**으면** *듣다: **들으면** (듣으면 X) *춥다: **추우면** (춥으면 X)	**받침 X, 받침 ㄹ**	가다: 가**면** 오다: 오**면** *만들다: 만들**면** (만들으면 X)

[예문]

· 그 식당에 사람이 많으면 안 갈 거예요.   · 이 책을 읽으면 한국어를 잘 할 수 있어요.

TIP

'-(으)ㄹ 거예요'는 앞에서 배운 미래의 의미와 함께, 추측의 의미로도 사용해요. 즉, 앞으로 일어날 일을 예측해서 이야기할 수 있어요.
'-(으)ㄹ 거예요'与之前学过的未来的意思一起，也可以用作推测的意思。也就是说，可以设想未来将要发生的事情进行表达。

[예문]

· 이 음식을 먹으면 맛있을 거예요.   · 이 옷을 입으면 예쁠 거예요.

PART 2 문법

TIP
한국에서는 비가 오면 김치전, 부추전, 감자전 등의 부침개를 먹어요. 비가 오는 소리와 부침개를 만들 때 나는 소리가 비슷하기 때문이라고 해요.
在韩国，下雨的时候会吃泡菜饼、韭菜饼、土豆饼等煎饼。据说是因为下雨的声音和做煎饼的声音很相似。

표에 쓰세요. 请在表格里写出来。

	-(으)면		
먹다	먹으면	맵다	
읽다		배우다	
좋다		예쁘다	
살다		만들다	
주다		마시다	

연습 练习

 보기와 같이 말하세요.
请仿照例子说。

보기

에릭   내일 비가 **오면** 뭐 **할 거예요**?
톰   내일 비가 **오면** 집에서 **쉴 거예요**.

1)

지원   주말에 친구를 _____(만나다)
       뭐 _____?(하다)
왕페이 주말에 친구를 _____ 영화를 _____ .

2)

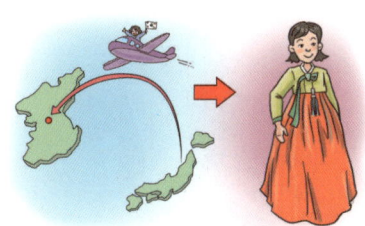

하루카 한국에 _____(가다)
       뭐 _____?(하다)
친구   한국에 _____ 한복을 _____ .

3)

루카   만약 돈이 _____(있다) 뭐 _____?(하다)
줄리앙 만약 돈이 _____ 집을 _____ .

PART 2 문법

문법 3 -아/어/해서 (2)

지원   오늘 뭐 할 거예요?
줄리앙 오늘 도서관에 **가서** 책을 읽을 거예요.

왕페이 어제 뭐 했어요?
아루잔 어제 친구를 **만나서** 커피를 마셨어요.

문법 사용 语法使用

- '-아/어/해서'는 5과에서 배웠어요. 앞에서 배운 '-아/어/해서'는 이유나 원인을 말할 때 사용해요.
  '-아/어/해서'是在第五课学过的。之前学过的'-아/어/해서'用于表达原因或理由。
  예) 일이 많아서 피곤해요.

- 오늘 배우는 '-아/어/해서(2)'는 두 문장의 시간적 순서를 나타낼 때 사용해요.
  今天学习的'-아/어/해서(2)'用于表示两个句子时间上的顺序。

① 아침에 일어나요   ② 세수해요

아침에 **일어나서** 세수해요.

> **TIP**
>
> 연결하는 두 문장의 주어는 같아야 해요. 주어가 다르면 사용할 수 없어요.
> 连接的两个句子的主语必须相同。如果主语不同，则不能使用。
>
> **[예문]**
>
> · **하루카**는 학교에 가요 + **하루카**는 공부해요 → 하루카는 학교에 가서 공부해요. (O)
> · **하루카**는 학교에 가요 + **아루잔**은 공부해요 → 하루카는 학교에 가서 아루잔은 공부해요. (X)
>
> '아/어/해서(2)'는 항상 현재 시제로 사용해요. 과거 시제로 사용할 수 없어요.
>
> **[예문]**
>
> · 하루카는 학교에 갔어서 공부했어요. (X)

■ A/V + -아/어/해서 (2)

의미	어떤 두 사건의 시간적 순서를 나타냄 指某两个事件的顺序				
형태 변화	동사(V) 형용사(A)	ㅏ, ㅗ (O)	좋다 - 좋**아서** 가다 - 가**서** 오다 - 와**서**	ㅏ, ㅗ (X)	먹다 - 먹**어서** *듣다 - 들**어서** (듣어서 X) 주다 - 줘**서** *나쁘다 - 나빠**서** (나쁘어서 X) *아프다 - 아파**서** (아프어서 X)
	하다		공부하다 - 공부**해서**		운동하다 - 운동**해서**

[예문]

· 저는 떡볶이를 만들어서 먹었어요.　　　　· 지원 씨는 백화점에 가서 옷을 살 거예요.
· 자리에 앉아서 기다려 주세요.

> **TIP**
>
> '-아/어/해서(2)'에 사용되는 두 문장은 서로 밀접한 관련이 있어요. '-고'와는 의미가 달라요.
> 使用'-아/어/해서(2)'的两个句子之间有密切的关联。它和'-고'表示不同的意思。
>
> ① 친구를 만나요　　② 숙제를 해요.

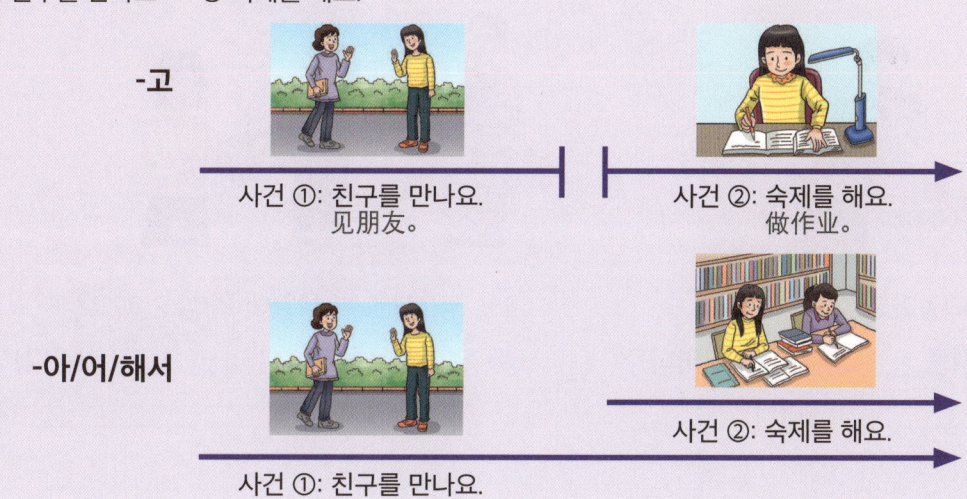

PART 2 문법

연습 练习

 보기 와 같이 말하세요.
请仿照例子说。

보기

에릭 어제 뭐 했어요?
퓨퓨아웅 어제 친구를 **만나서** 쇼핑했어요.

1)

하루카 지난 주말에 뭐 했어요?
에릭 한강에 _____(가다)
  자전거를 _____.(타다)

2)

지원 저녁에 뭐 먹을 거예요?
아루잔 저녁에 집에서 한국 음식을
  _____(만들다)
  _____.(먹다)

3)

하루카 어제 뭐 먹었어요?
후이 어제 피자를 _____(주문하다)
  _____.(먹다)

4)

루카 지원 씨 생일에 뭐 할 거예요?
안톤 선물을 _____(사다)
  지원 씨에게 _____.(주다)

112

PART 3 연습 练习

보기 와 같이 연습해 보세요.
请仿照例子练习。

| 보기 | -아/어/해서 | -(으)면 | -(으)ㄹ 거예요 |

1)
하루카 내일 뭐 _____?(하다)
친구   내일 도서관에 _____.(가다)
하루카 왜요? 내일은 토요일이에요.
친구   다음 주에 시험이에요. 시험을 _____(못 보다)
        장학금을 못 받아요.

2)
지원   아루잔 씨, 어제 어디에서 쇼핑했어요?
아루잔 어제 우리 딸하고
        백화점에 _____(가다) 쇼핑했어요.
지원   하하, 정말요? 딸이 좋아했어요?
아루잔 네, 아주 좋아했어요. 이번 주말에
        시간이 _____(있다)
        명동에 _____(가다) _____.(쇼핑하다)

6과_날씨가 좋으면 어디에 갈 거예요?

PART 4 듣기 听力

🔊 **1. 다음을 듣고 질문에 답하세요.** 🎧 6-4
请听下面的内容并回答问题。

1) 다음 중 알맞은 것을 고르세요.
请从以下选项中选出正确的答案。

① 여름에는 추워요.
② 봄에는 꽃이 펴요.
③ 겨울에는 낙엽이 져요.
④ 가을에는 바다에 갈 수 있어요.

2) 한국에는 언제 비가 많이 와요?
在韩国什么时候会下很多雨?

① 봄　　　② 여름　　　③ 가을　　　④ 겨울

🔊 **2. 다음을 듣고 O, X 하세요.** 🎧 6-5
请听下面的内容并判断对错。

1) 다음 주에는 비가 올 거예요. 　　　　　　　　　　　　　　　　(　　)
2) 아루잔 씨는 비가 오면 부산 바다에 갈 거예요. 　　　　　　　　(　　)
3) 아루잔 씨는 다음 주에 고향에 갈 거예요. 　　　　　　　　　　(　　)
4) 아루잔 씨는 지난주에 부산에서 바다를 봤어요. 　　　　　　　　(　　)

PART 5 말하기 口语

1. 여러분은 뭐 할 거예요? 이야기해 보세요.
   大家要做什么? 请说说看。

	-(으)ㄹ 거예요
내일	
모레	
다음 주	
다음 달	
내년	
다음 학기	

2. 다음과 같은 상황에서 어떤 것을 할 수 있을까요? 이야기해 보세요.
   在以下情况下可以做些什么呢? 请说说看。

	-(으)면
심심해요	
비가 와요	
눈이 와요	
배가 고파요	
날씨가 좋아요	
감기에 걸렸어요	
친구 생일이에요	
기분이 안 좋아요	
날씨가 안 좋아요	
한국어가 어려워요	

PART 6　활동 活动

1. 다음 질문의 답을 생각해 보고, 친구를 인터뷰해 봅시다.
   请思考以下问题的答案，并采访一下朋友。

   1) 공원에 가서 보통 무엇을 해요?
   通常去公园做什么?

   2) 친구를 만나서 보통 뭐 해요?
   和朋友见面一般做什么?

   → 저는 _____(-아/어/해서) 먹어요.

2. 여러분은 다음 주 월요일~일요일에 뭐 할 거예요? 다음 표에 여러분의 일정을 쓰세요.
   그리고 친구와 선생님에게 여러분의 일정을 같이 이야기해 보세요.
   大家下周一到周日会做什么? 请在下面的表格中写下大家的日程安排。然后跟朋友和老师一起说说大家的日程吧。

월요일	화요일	수요일	목요일	금요일	토요일	일요일

PART 7 ﹥ 자가 점검 自我检测

	질문 问题	네 是	아니요 不是
1	나는 날씨, 계절 단어를 사용하여 이야기할 수 있어요. 我可以使用天气和季节的词汇进行表达。		
2	나는 '-(으)ㄹ 거예요'를 사용하여 미래의 일을 이야기할 수 있어요. 我可以使用'-(으)ㄹ 거예요'来表述未来的事情。		
3	나는 '-(으)면'을 사용하여 아직 일어나지 않은 일과 조건에 따른 결과를 이야기할 수 있어요. 我可以使用'-(으)면'来表述尚未发生的事情及根据条件决定的结果。		
4	나는 '-아/어/해서(2)'를 사용하여 순서를 이야기할 수 있어요. 我可以使用'-아/어/해서(2)'来表述顺序。		

7과
第7课

염색을 하러 미용실에 가요.

去美发院染发。

- 여러분은 미용실에 자주 가요? 大家经常去美发院吗?
- 미용실에 왜 가요? 为什么去美发院?
- 한국에서 미용실에 간다면 어떤 머리를 하고 싶어요?
  如果去韩国的美发院，你想做什么样的发型?

학습 목표 学习目标

1. 머리 스타일, 미용실, 이발소 관련 단어를 사용하여 이야기할 수 있어요.
   可以使用与发型、美发院、理发店相关的词语进行表达。

2. '-(으)려고'를 사용하여 나의 목적을 이야기할 수 있어요.
   可以使用'-(으)려고'来表述我的目的。

3. '-(으)러 가다'를 사용하여 어떤 목적을 위해 특정한 장소에 가는 것을 이야기할 수 있어요.
   可以使用'-(으)러 가다'来表述为了某个目的去特定的地方。

PART 1 어휘 词汇

머리 스타일 发型

 미용실

 이발소

 머리를 기르다

 머리를 자르다

 머리를 깎다

 파마(를) 하다

 염색(을) 하다

스포츠 머리

(숏)커트 머리

단발 머리

 파마 머리(펌)

 머리카락

 머리

 머리를 감다

 머리를 말리다

 머리를 빗다

 (헤어) 드라이기

 빗

 샴푸

 가위

> **TIP**
>
> 한국어에서 머리는 두 가지 의미로 사용해요. 머리와 머리카락의 의미로 사용하는데, 보통 미용실에서는 '머리를 자르다/깎다'라고 해요.
> 在韩国语中，'머리'有两种意思。一个是指头部，另一个是指头发。通常在美发院里会说'머리를 자르다/깎다(剪头发/理发)'。

 머리/머리카락

 머리카락

학습 어휘 学习词汇

- 쓰다 使用
- 약국 药店
- 친구를 사귀다(만들다) 交朋友
- 편지/소포를 보내다 寄信/寄包裹
- 목표를 이루다 实现目标
- 늦다 迟到

- 미용사 美发师
- 약을 사다 买药
- 책을 빌리다 借书
- 약속 约定
- 머리를 하다 做头发
- 빨리 快

- 찾다 寻找
- 질문하다 提问

- 공포 영화 恐怖电影

> **TIP**
>
> '쓰다'는 세 가지 뜻이 있어요. '쓰다'有三种意思。
>
> · 책을 쓰다 写书
> · 모자를 쓰다 戴帽子
> · 핸드폰을 쓰다 (=사용하다) 使用手机

연습 练习

1. 다음 그림을 보고 알맞은 표현을 쓰세요.
   请看下图并写出正确的表达。

PART 2 문법 语法

문법 1 -(으)려고

왕페이 어제 뭐 했어요?
아루잔 시험을 잘 보려고 공부했어요.

지원 졸업하면 뭐 하려고 해요?
하루카 졸업하면 일본에 가려고 해요.

문법 사용 语法使用

- '-(으)려고' 뒤에 '-하다'가 붙어서 '-(으)려고 하다'라고 할 때는 어떤 행동을 할 의도나 욕망, 또는 계획을 가지고 있음을 나타낼 때 사용해요.
  '-(으)려고' 后面加上 '-하다'，形成 '-(으)려고 하다' 时，表示有做某种行为的意图、欲望或计划。

배가 고파요 → 먹고 싶어요 → 라면이 먹고 싶어요 → 그래서 → 라면을 먹으려고 해요

[예문]

- 저는 내일 운동을 하려고 해요.
- 저는 주말에 명동에 가서 선물을 사려고 해요.
- 저는 오늘 축구를 하려고 했어요. 그런데 비가 와서 커피숍에 갔어요.
  → 축구를 하고 싶었어요. 그런데 못 했어요.

■ V + -(으)려고

의미	내가 하고 싶은 일의 의도나 욕망, 계획을 말할 수 있음 可以表达我想做的事情的意图、欲望或计划		
형태 변화	받침 O	먹다: 먹으려고 읽다: 읽으려고 *듣다: 들으려고 (듣으면 X)	받침 X, 받침 ㄹ	가다: 가려고 마시다: 마시려고 청소하다: 청소하려고 *만들다: 만들려고 (만들으려고 X)

[예문]

· 저는 영화를 보려고 영화관에 가요.
· 안톤 씨는 한국어를 배우려고 한국에 왔어요.
· 지원 씨는 머리를 말리려고 드라이기를 썼어요.

TIP

① 형용사와는 사용할 수 없어요. 不能和形容词一起使用。
　(작다 → 작으려고 (X))

② '-(으)려고 하다'와 '-(으)ㄹ 거예요' 비교　'-(으)려고 하다'与 '-(으)ㄹ 거예요' 比较

-(으)려고 하다	-(으)ㄹ 거예요
어떤 행동을 할 의도가 있어요. 有做某种行为的意图。 [예문] A: 지금 뭐 해요? B: 밥을 먹으려고 해요.	예정된 일을 나타낼 때 사용해요. 用来表示预定的事情。 [예문] A: 저녁에 뭐 할 거예요? B: 친구를 만날 거예요.
과거의 사실에 대해서도 쓸 수 있어요. 可以用于过去的事实。 [예문] · 저는 어제 영화를 보려고 했어요. (O)	미래의 사실에만 사용해요. 只能用于未来的事实。 [예문] · 저는 어제 영화를 볼 거예요. (X) · 저는 내일 영화를 볼 거예요. (O)

③ 명령문, 청유문과는 사용할 수 없어요.
　不能与命令句和请求句一起使用。

[예문]

· 밥을 먹으려고 식당에 가 주세요. (X)
· 한국어를 공부하려고 한국에 갈까요? (X)

 표에 쓰세요. 请在表格里写出来。

-(으)려고			
오다	오려고	배우다	
가다		말리다	
읽다		만들다	
걷다		말하다	
살다		자르다	
빗다		일어나다	
찾다		파마하다	
기르다		염색하다	

PART 2 문법

연습 练习

 보기 와 같이 말하세요.
请仿照例子说。

보기

줄리앙 왕페이 씨는 왜 한국에 왔어요?
왕페이 한국에서 **일하려고** 한국에 왔어요.

1)

후이 하루카 씨, 방학에 뭐 할 거예요?
하루카 저는 방학에 일본에 _____ 해요.

2)

지원 주말에 뭐 해요?
에릭 자전거를 _____ 해요.

3)

후이 줄리앙 씨, 드라이기가 어디에 있어요?
줄리앙 여기 있어요.
제가 머리를 _____ 썼어요.

4)

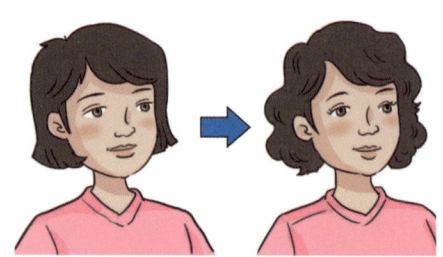

후이 머리 어떻게 할 거예요?
아루잔 저는 _____ 해요.

문법 2 -(으)러 가다/오다

퓨퓨아웅 하루카 씨, 어디에 가요?
하루카 미용실에 **파마하러 가요.**

허지원 퓨퓨아웅 씨, 주말에 뭐 할 거예요?
퓨퓨아웅 주말에 친구하고 영화를 **보러 갈 거예요.**

문법 사용 语法使用

- '-(으)러 가다/오다'는 '가다/오다'의 목적을 나타내요. 서로 다른 두 문장을 연결하는데, 뒤의 서술어는 '가다/오다'만 사용해요.
  '-(으)러 가다/오다' 表示 '去/来' 的目的。它连接两个不同的句子，后面的谓语只能使用 '가다/오다'。

■ V + -(으)러 가다/오다

의미	어떤 장소에 가는 목적을 말함 指去某个地方的目的			
형태 변화	받침 O	먹다: 먹으러 가다/오다 읽다: 읽으러 가다/오다 *듣다: 들으러 가다/오다 (듣으러 가다 X)	받침 X, 받침 ㄹ	마시다: 마시러 가다 청소하다: 청소하러 가다 *만들다: 만들러 가다 (만들으러 가다 X)

[예문]

- 저는 염색을 하러 미용실에 갈 거예요.
- 저는 오늘 약을 사러 약국에 갈 거예요.
- 질문을 하러 선생님에게 와도 돼요.

TIP

'N에/에게 -(으)러 가다/오다'에서 'N'이 장소일 때는 '-에', 'N'이 사람일 때는 '-에게'를 사용해요.
'N에/에게 -(으)러 가다/오다' 中，'N' 为地点时用 '-에'，'N' 为人物时用 '-에게'。

[예문]

- 저는 <u>선생님에게</u> 질문하러 갔어요.
- 저는 <u>친구에게</u> 선물을 주러 갈 거예요.

PART 2 문법

 표에 쓰세요. 请在表格里写出来。

-(으)러 가다			
보다	보러 가요	배우다	
놀다		만들다	
살다		마시다	
씻다		자르다	
주다		파마하다	
걷다		염색하다	

연습 练习

 보기와 같이 말하세요.
请仿照例子说。

보기

지원 　루카 씨, 지금 어디에 가요?
루카 　약을 사러 약국에 가요.

1)

지원 　오늘 뭐 해요?
후이 　친구 집에 _____.

2)

루카 　지금 어디에 가요?
안톤 　도서관에 책을 _____.

3)

에릭 　어디에 가요?
지원 　미용실에 _____.

4)

퓨퓨아웅 　아루잔 씨, 어디에 가요?
아루잔 　우체국에 소포를 _____.

PART 3 연습 练习

보기 와 같이 연습해 보세요.
请仿照例子练习。

보기   -(으)려고   -(으)러

1)

아루잔 안톤 씨, 우체국에 왜 왔어요?
안톤   고향에 소포를 _____(보내다) 왔어요.
아루잔 무슨 소포예요?
안톤   고향에 딸이 있어요.
        딸에게 선물을 _____(보내다) 해요.

2)

에릭   내일 같이 영화를 _____(보다) 갈까요?
루카   좋아요. 어떤 영화를 보고 싶어요?
에릭   공포 영화를 _____(보다) 해요.
루카   에릭 씨, 공포 영화는 무서워서 싫어요.

3)

줄리앙 후이 씨, 왜 오늘 약속에 늦었어요?
        제가 오래 기다렸어요.
후이   줄리앙 씨, 미안해요.
        빨리 _____(오다) 했어요.
        그런데 샴푸가 없어서 가게에
        샴푸를 _____(사다) 갔어요.
        그래서 약속에 늦었어요.

128

PART 4 듣기 听力

 1. 다음을 듣고 O, X 하세요. 🎧 7-3
请听下面的内容并判断对错。

1) 지원 씨는 방학에 일본에 갈 거예요. ( )
2) 하루카 씨는 방학에 고향에 가지 않을 거예요. ( )
3) 하루카 씨는 방학에 가족을 만나러 갈 거예요. ( )
4) 지원 씨는 방학에 하루카 씨의 집에 갈 거예요. ( )

 2. 다음을 듣고 질문에 대답하세요. 🎧 7-4
请听下面的内容并回答问题。

1) 다음을 듣고 틀린 것(X)을 고르세요.
请听下面的内容并选择错误的一项。

① 아루잔 씨는 머리가 길어요.
② 아루잔 씨는 오늘 염색했어요.
③ 지원 씨는 오늘 머리를 잘랐어요.
④ 미용실에는 오늘 손님이 두 명 왔어요.

2) 다음 그림을 보고 누가 지원 씨인지 고르세요.
请看下面的图片，并标明谁是智媛。

PART 5 — 말하기 口语

1. 여러분은 올해 목표를 이루려고 해요. 무엇을 하려고 해요? 이야기해 보세요.
   大家要实现今年的目标。应该做些什么？请说说看。

   예) 살을 빼려고 운동해요.
   　　한국어를 공부하려고 한국 드라마를 봐요.

2. 어디에 가면 여러분 올해 목표를 이룰 수 있어요? 이야기해 보세요.
   去哪里可以实现大家今年的目标呢？请说说看。

   예) 살을 빼러 헬스장에 가요.
   　　한국어를 공부하러 학교에 가요.

3. 그림을 보고 보기 와 같이 말하세요.
   请看图并仿照例子说。

   보기

   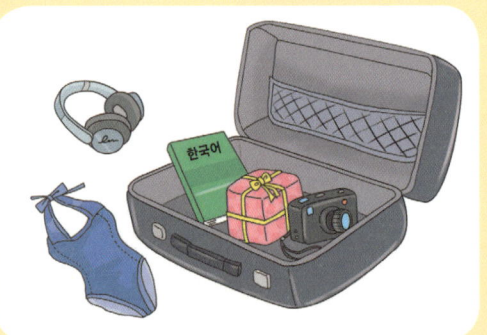

   이번 방학에 미얀마에 가려고 해요.

1) 비행기 안에서 음악을 _____.

2) 미얀마에서 한국어 공부를 _____.

3) 친구들에게 선물을 _____.

4) 미얀마에서 친구들과 사진을 _____.

5) 미얀마에서 바다에 가서 _____.

PART 6 · 활동 活动

1. 미용실에 간다면 어떤 머리를 하고 싶어요? 내가 하고 싶은 머리를 그려 보세요.
如果去美发院，你想做什么样的发型？画出我想做的发型吧。

 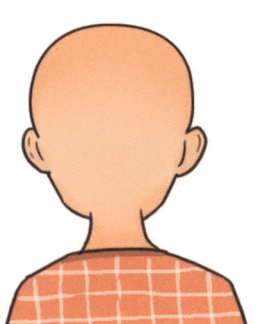

2. 친구와 대화를 만들어 보세요.
请和朋友进行对话。

> 염색하다   파마하다   (숏)커트하다
>
> 머리를 감다   머리를 빗다   머리를 자르다

보기

[커피숍]

친구1   오늘 뭐 해요?
친구2   저는 오늘 <u>머리를 자르고 싶어요</u>.
친구1   아 그래요? 저는 오늘 <u>염색을 하고 싶어요</u>.
친구2   그럼 오늘 머리를 하러 미용실에 같이 갈까요?
친구1   네, 좋아요.

PART 6　활동

> **보기**
>
> [미용실]
>
> 미용사　어서 오세요. 머리를 어떻게 해 드릴까요?
> 친구1　저는 머리를 자르려고 해요. / 머리를 자르려고 왔어요.
> 친구2　저는 오늘 염색을 하려고 해요. / 염색을 하려고 왔어요.
> 미용사　네, 알겠어요.

TIP

'어떻게 해 드릴까요?'는 미용실에서 사용하는 표현이에요. '어떤 스타일의 머리를 하고 싶어요?'라는 뜻이에요.
'어떻게 해 드릴까요?' 是在美发院使用的表现。意思是 '你想做什么发型？'

PART 7 자가 점검 自我检测

	질문 问题	네 是	아니요 不是
1	나는 머리 스타일과 미용실, 이발소와 관련된 단어를 사용하여 이야기할 수 있어요. 我可以使用与发型、美发院、理发店相关的词语进行表达。		
2	나는 목적을 나타내는 '-(으)려고'를 사용하여 이야기할 수 있어요. 我可以使用表示目的的'-(으)려고'进行表达。		
3	나는 목적을 위해 특정한 장소에 가는 것을 나타내는 '-(으)러 가다/오다'를 사용하여 이야기할 수 있어요. 我可以使用表示为了某个目的去特定地方的'-(으)러 가다/오다'进行表达。		

8과
第8课

선생님께서는 지금 무엇을 하고 계세요?

老师现在在做什么?

- 나이가 어떻게 되세요? 您多大岁数了?
- 선생님께서는 무엇을 하세요? 老师在做什么?

학습 목표 学习目标

1. 높임 표현을 알고 올바르게 사용할 수 있어요.
   可以理解并正确使用敬语表达。

2. '가족' 관련 어휘를 알고 사용할 수 있어요.
   可以理解并使用与'家人'相关的词汇。

3. 가족을 소개할 수 있어요.
   可以介绍家人。

4. 나이를 한국어로 말할 수 있어요.
   可以用韩国语说出年龄。

PART 1　어휘 词汇

가족 家人

할아버지

할머니

외할아버지

외할머니

아버지(아빠)

부모님

어머니(엄마)

형

누나

나(남자)

남동생

여동생

오빠

언니

나(여자)

높임 표현 敬语表达

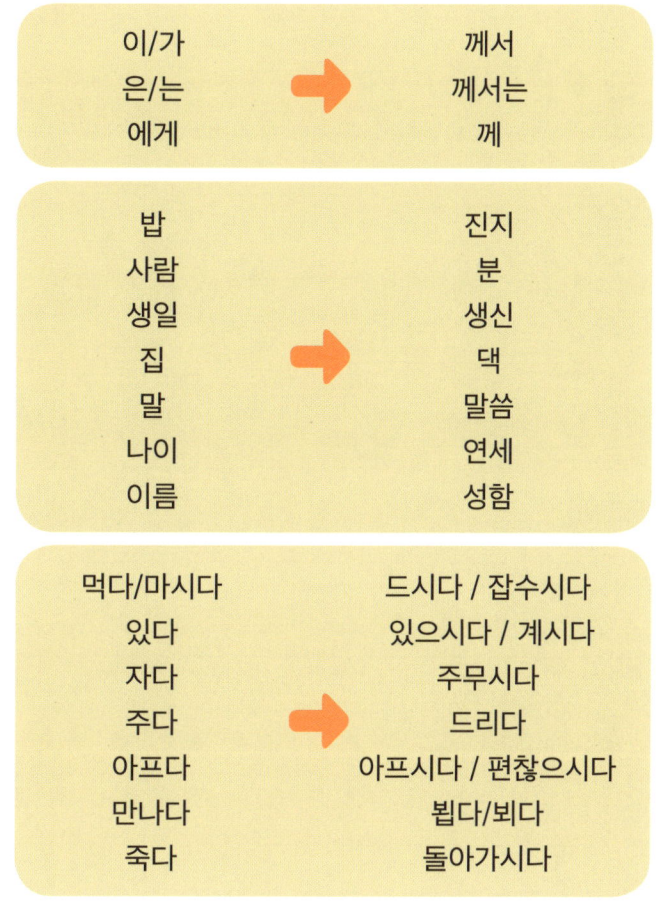

> **TIP**
>
> 1. '있다'의 높임 표현은 사람의 경우는 '계시다', 사물의 경우는 '있으시다'를 사용해요.
>   '있다'的尊敬表达形式是，对于人的情况使用'계시다'，对于物品的情况使用'있으시다'。
>
>   [예문] · <u>아버지께서는</u> 일본에 계세요. (사람)
>   例句　　爸爸在日本。(人)
>
>   　　　 · 아버지께서는 <u>돈이</u> 많이 있으세요. (사물)
>   　　　　爸爸有很多钱。(物)
>
> 2. '주다'는 주어를 높일 때는 '주시다'를 쓰고, 받는 대상을 높일 때는 '드리다'를 사용해요.
>   '주다'在对主语表示尊敬时使用'주시다'，在对接受对象表示尊敬时使用'드리다'。
>
>   [예문] · 선생님께서 지원이에게 책을 <u>주셨어요</u>. (주어 높임)
>   例句　　老师给了智媛一本书。（对主语表示尊敬）
>
>   　　　 · 지원이는 <u>선생님께</u> 책을 <u>드렸어요</u>. (받는 대상 높임)
>   　　　　智媛给了老师一本书。（对接受对象表示尊敬）

PART 1 어휘

연습 练习

 10번씩 쓰세요.
请每个写十遍。

이/가	→	께서
은/는	→	께서는
에게	→	께
사람	→	분
생일	→	생신
집	→	댁
말	→	말씀
이름	→	성함
나이	→	연세
밥	→	진지
마시다 / 먹다	→	드시다
있다	→	계시다 / 있으시다
자다	→	주무시다
주다	→	드리다
만나다	→	뵙다 / 뵈다
아프다	→	편찮으시다

PART 2 문법 语法

문법 1 -(으)세요 / N(이)세요

하루카　이분은 **누구세요?**
허지원　우리 **어머니세요.**

에릭　연세가 어떻게 **되세요?**
루카　쉰두 살이에요.

문법 사용 语法使用

- 'V/A-(으)세요 / N(이)세요'는 '-이에요/예요'의 높임말이에요. 주어가 말하는 사람보다 나이가 많거나 사회적 지위가 높을 때 사용해요. 그리고 아주 친하지 않은 성인끼리는 나이에 관계없이 사용하기도 해요.
'V/A-(으)세요 / N(이)세요' 是 '-이에요/예요' 的敬语。当主语比说话人年纪大或社会地位高时使用。此外，不太亲近的成年人之间也会不分年龄地使用。

■ V/A -(으)세요 / N(이)세요

의미	주어가 말하는 사람보다 나이가 많거나 사회적 지위가 높을 때 사용 主语年龄或社会地位高于说话者时使用		
형태 변화		받침 O	받침 X, 받침 ㄹ
	동사(V) 형용사(A)	앉다 - 앉**으세요** 작다 - 작**으세요** *듣다 - 들**으세요** (듣으세요X) *어렵다 - 어려**우세요**(어렵으세요X)	쉬다 - 쉬**세요** 예쁘다 - 예쁘**세요** *만들다 - 만드**세요**
	명사(N)	선생님 - 선생님**이세요** 부모님 - 부모님**이세요**	의사 - 의사**세요** 할머니 - 할머니**세요**

[예문]

· 연세가 어떻게 되세요?　　　　　　　　· 저분은 우리 한국어 선생님이세요.
· 할머니께서는 어제 책을 사셨어요. (사다 → 사시다 → 사셔요 → 사셨어요)

PART 2 문법

> **TIP**
>
> '나이가 어떻게 되세요?' < '연세가 어떻게 되세요?'
> '您多大岁数了？' < '您多大年纪了？'
>
> **[예문]**
>
> A: 나이가 어떻게 되세요?
> B: 서른네 살이에요.(34살)
>
> 'N이/가 어떻게 되세요?'는 이름(성함), 나이(연세), 직업, 전화번호 등 개인정보를 물어볼 때 주로 사용해요.
> 'N이/가 어떻게 되세요?' 通常用来询问个人信息，如姓名、年龄、职业、电话号码等。
>
> **[예문]**
>
> A: 성함이 어떻게 되세요?
> B: 허지원이에요.
>
> 주어가 '나', '저'와 같이 1인칭일 경우에는 사용할 수 없어요.
> 如果主语是'나'、'저'等第一人称时，不能使用。
>
> **[예문]**
>
> · 저는 회사원이세요. (X) → 저는 회사원이에요. (O)

📝 **표에 쓰세요.** 请在表格里写出来。

	-(으)세요	-(으)셨어요
가다	가세요	가셨어요
오다		
읽다		
듣다		
가르치다		
좋아하다		
★먹다/마시다		
★주다		
★자다		
★있다		
★아프다		
★죽다		

연습 练习

보기 와 같이 말하세요.
请仿照例子说。

이 분은 우리 아버지세요.
우리 아버지는 회사원이세요.
우리 아버지는 마흔 살이세요.

| PART 2 | 문법 |

문법 2 -(으)시-

에릭 선생님께서는 지금 뭐 하세요?
루카 책을 읽으세요.

지원 가족이 모두 중국에 계세요?
왕페이 네, 모두 중국에 있어요.

문법 사용 语法使用

- '-(으)시-'는 문장 내 주어의 행동이나 상태를 높이기 위해 사용해요.
  '-(으)시-' 用于提高句子中主语的行为或状态的尊敬程度。

■ -(으)시-

의미	문장 내 주어의 행동이나 상태를 높이기 위해 사용 用于提高句子中主语的行为或状态的尊敬程度		
형태 변화	받침 O	읽다: 읽으시다-읽으세요 앉다: 앉으시다-앉으세요 *듣다: 들으시다-들으세요	받침 X, 받침 ㄹ

가다: 가시다-가세요
오다: 오시다-오세요
만들다: 만드시다-만드세요

[예문]
· 선생님 어디에 가세요?
· 할머니께서는 건강하세요.
· 어머니께서는 어제 미국에 가셨어요.

TIP

주어가 '나', '저'와 같은 1인칭인 경우에는 사용할 수 없어요. 과거 시제는 '-(으)셨어요'를 사용해요.
如果主语是 '나'、'저' 等第一人称时，不能使用。过去时用 '-(으)셨어요'。

[예문]
· 후이: 선생님께서는 무엇을 가르치세요?
  지원: 저는 한국어를 가르치세요. (X) → 저는 한국어를 가르쳐요. (O)

연습 练习

 보기 와 같이 말하세요.
请仿照例子说。

보기

선생님께서 교실에 계세요.
선생님께서 한국어를 가르치세요.

선생님
교실
한국어 가르치다

1)

아버지
회사
일을 하다

2)

외할머니
공원
친구를 만나다

3)

할아버지
커피숍
커피를 마시다

4)

외할아버지
방
자다

PART 3 연습 练习

보기 와 같이 이야기하세요.
请仿照例子说。

> **보기**
> 퓨퓨아웅　선생님께서는 **지난주 월요일 오전에** 무엇을 하셨어요?
> 줄리앙　선생님께서는 한국어를 가르치셨어요.

	월요일	화요일	수요일	목요일	금요일	토요일	일요일
오전	**보기** 한국어를 가르치다	책을 읽다	한국어를 가르치다	친구를 만나다	한국어를 가르치다	골프를 치다	늦잠을 자다
오후	공원에서 운동을 하다	쇼핑을 하다	영화를 보다	자전거를 타다	사진을 찍다	집에서 쉬다	가족들과 저녁을 먹다

다음의 '동생의 생일'을 '할머니의 생신'으로 바꾸어 써 보세요.
请将'弟弟或妹妹的生日'改写为'奶奶的寿辰'。

> 오늘은 동생의 생일입니다. 그래서 저녁에 집에서 생일 파티를 했습니다. <u>동생은 생일 선물로</u>
> **할머니**
>
> 옷을 받고 싶어 <u>해서</u> 저는 어제 백화점에 가서 옷을 샀습니다. 아버지께서는 꽃을 사셨고,
>
> 어머니께서는 요리를 하셨습니다. 그리고 저는 케이크를 만들었습니다. <u>동생이 좋아했습니다.</u>
>
> <u>동생은 내일 여행을 갈 겁니다.</u>

PART 4 　 듣기 听力

1. 다음을 듣고 나이를 숫자로 쓰세요. 🎧 8-3
请听下面的内容，并用数字写出年龄。

1) (　　　　　　　　)
2) (　　　　　　　　)
3) (　　　　　　　　)

2. 다음을 듣고 알맞은 것을 고르세요. 🎧 8-4
请听下面的内容，然后选择正确的答案。

1) **독일에 사는 루카 씨의 가족을 모두 고르세요.**
请选择住在德国的卢卡先生的家人。

할아버지	할머니	아버지	어머니	누나	형	남동생	여동생

2) **틀린 것(X)을 고르세요.**
请选择错误的一项。

① 남동생은 미국에 있어요.
② 아버지께서는 독일에 계세요.
③ 할머니께서는 한국에 계세요.
④ 할아버지께서는 돌아가셨어요.

PART 5 말하기 口语

친구에게 질문해 보세요.
请向朋友提问。

1	가족이 어떻게 되세요?	
2	나이가 어떻게 되세요?	
3	어머니께서는 요리를 잘 하세요?	
4	할머니께서는 지금 어디에 계세요?	
5	할아버지께서는 무엇을 좋아하세요?	
6	선생님 성함을 아세요?	
7	선생님께서는 친절하세요?	
8	?	
9	?	
10	?	

PART 6 　 **활동** 活动

20년 후의 가족 사진을 그려 보고, 가족을 소개해 보세요.
请画一下20年后的全家福，并介绍一下吧。

PART 7 — 자가 점검 自我检测

	질문 问题	네 是	아니요 不是
1	나는 높임 표현을 알고 올바르게 사용할 수 있어요. 我可以理解并正确使用尊敬表达形式。		
2	나는 '가족' 관련 어휘를 알고 사용할 수 있어요. 我可以理解并使用与'家人'相关的词汇。		
3	나는 가족을 소개할 수 있어요. 我可以介绍家人。		
4	나는 나이를 한국어로 말할 수 있어요. 我可以用韩国语说出年龄。		

MEMO

9과
第9课

배가 아프니까 이 약을 먹어야 해요.

因为肚子疼，所以应该吃这个药。

- 이가 아파요. 어느 병원에 가야 해요? 牙疼。应该去哪个医院?
- 친구가 수업 시간에 게임을 해요. 친구에게 어떻게 말해야 해요?
  朋友在上课时间玩游戏。应该怎么跟朋友说?

학습 목표 学习目标

1. '신체'와 관련된 단어를 알고 올바르게 사용할 수 있어요.
   可以理解并正确使用与'身体'相关的词汇。

2. '증상'과 관련된 단어를 알고 올바르게 사용할 수 있어요.
   可以理解并正确使用与'症状'相关的词汇。

3. 이유·원인의 의미를 나타내는 '-(으)니까'를 사용하여 말할 수 있어요.
   可以使用表示原因·理由的'-(으)니까'进行表达。

4. 당위 표현을 나타내는 '-아/어/해야 하다[되다]'를 사용하여 말할 수 있어요.
   可以使用表示义务的'-아/어/해야 하다[되다]'进行表达。

5. 금지 명령 표현을 나타내는 '-지 마세요'를 사용하여 말할 수 있어요.
   可以使用表示禁止性命令的'-지 마세요'进行表达。

PART 1 어휘 词汇

신체 용어 身体用语

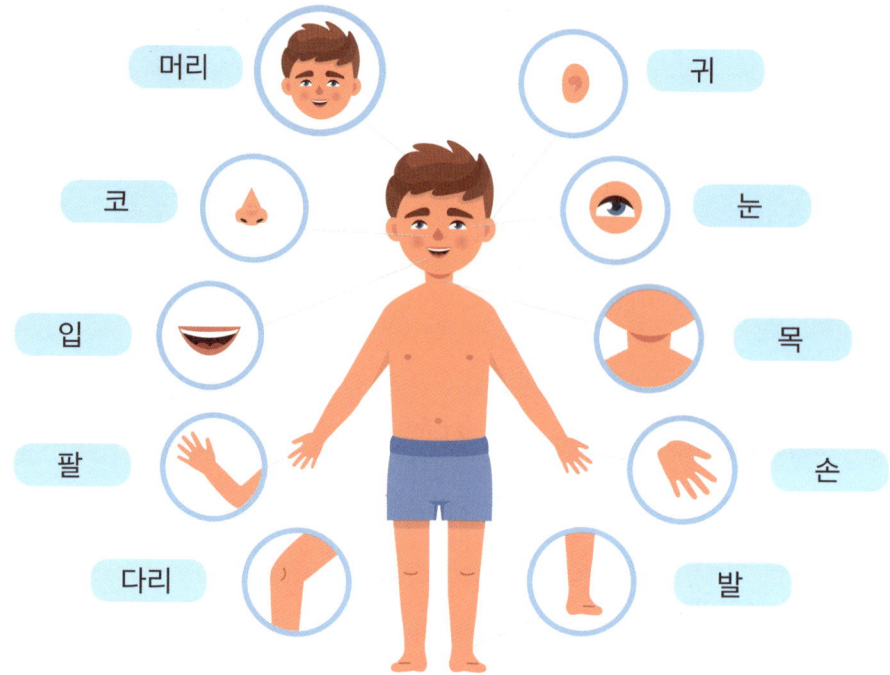

머리 / 귀 / 코 / 눈 / 입 / 목 / 팔 / 손 / 다리 / 발

증상 표현 症状表达

목이/머리가/배가/허리가 아프다   소화가 안 되다   속이 안 좋다

감기에 걸리다   기침을 하다   콧물이 나다   열이 나다   몸살이 나다

다치다   뼈가 부러지다   상처가 나다   손을 데다   발목을 삐끗하다

| 이가 아프다 | 멍이 들다 | 피가 / 코피가 나다 | 토하다 | 설사가 나다 |

TIP

1. '이가 아프다'는 '치통', '배가 아프다'는 '복통', '머리가 아프다'는 '두통'이라고 말하기도 해요. 그리고 여자들이 생리로 인해 배가 아플 때는 '생리통'이라고 해요. 생리통이 심한 경우 학교에 '생리공결'을 신청할 수 있어요.
   '이가 아프다 牙疼'也会说成 '치통', '배가 아프다 肚子疼'也会说成 '복통', '머리가 아프다 头疼'也会说成 '두통'。女性因生理期引起的腹痛称为 '생리통'。如果生理痛严重，可以申请 '生理假'。

2. '다치다'는 부딪치거나 맞아서 몸에 상처가 생기는 것을 말해요.
   '다치다 受伤'是指因为碰撞或挨打而在身上留下伤口。

   예) 뼈가 부러지다, 상처가 나다, 손을 데다, 발목을 삐끗하다, 멍이 들다 등을 '다치다'로 표현할 수 있어요.
   例如) 骨折了、受伤了、手烫伤了、扭伤了脚踝、淤青了等都可以用 '다치다(受伤)'来表达。

3. '감기에 걸리다'는 대부분 과거형으로 사용해요.
   '감기에 걸리다(感冒了)' 通常使用过去式。

   예) 감기에 걸렸어요.
   例如) 감기에 걸렸어요. (感冒了。)

병원 종류 医院种类

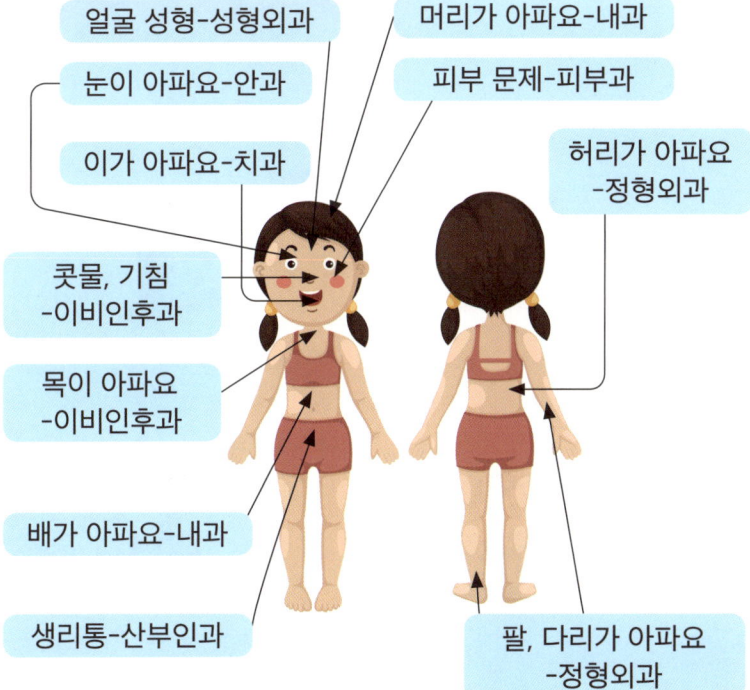

- 얼굴 성형-성형외과
- 눈이 아파요-안과
- 이가 아파요-치과
- 콧물, 기침-이비인후과
- 목이 아파요-이비인후과
- 배가 아파요-내과
- 생리통-산부인과
- 머리가 아파요-내과
- 피부 문제-피부과
- 허리가 아파요-정형외과
- 팔, 다리가 아파요-정형외과

TIP

1. 늦은 시간 혹은 새벽에 아프면 '응급실(응급의료센터)'에 가요.(보통 아이가 아프면 소아과에 가는데, 어른도 소아과에 갈 수 있어요. 그런데 늦은 시간이나 새벽에 아프면 응급실로 가야 해요.)
   如果在深夜或清晨生病，就要去 '응급실(急救医疗中心)'。(通常孩子生病会去儿科，但大人也可以去儿科。不过，如果在深夜或清晨生病，就需要去急诊室。)

2. 너무 아파서 혼자 이동을 할 수 없을 때 119에 전화해서 도움을 요청하면 돼요.
   如果病得很重，无法独自移动，可以拨打119请求帮助。

PART 1   어휘

학습 어휘 学习词汇

- 진단서 诊断书
- 주사를 맞다 打针
- 약을(연고를) 바르다 涂药膏
- 임산부석 孕妇专座
- 만지다 触碰
- 처방전 处方
- 링거 맞다 输液
- 빨리 快
- 쓰레기를 버리다 扔垃圾
- 이를 닦다 刷牙

연습 练习

 1. 보기 와 같이 신체 용어를 쓰세요.
请仿照例子写出身体用语。

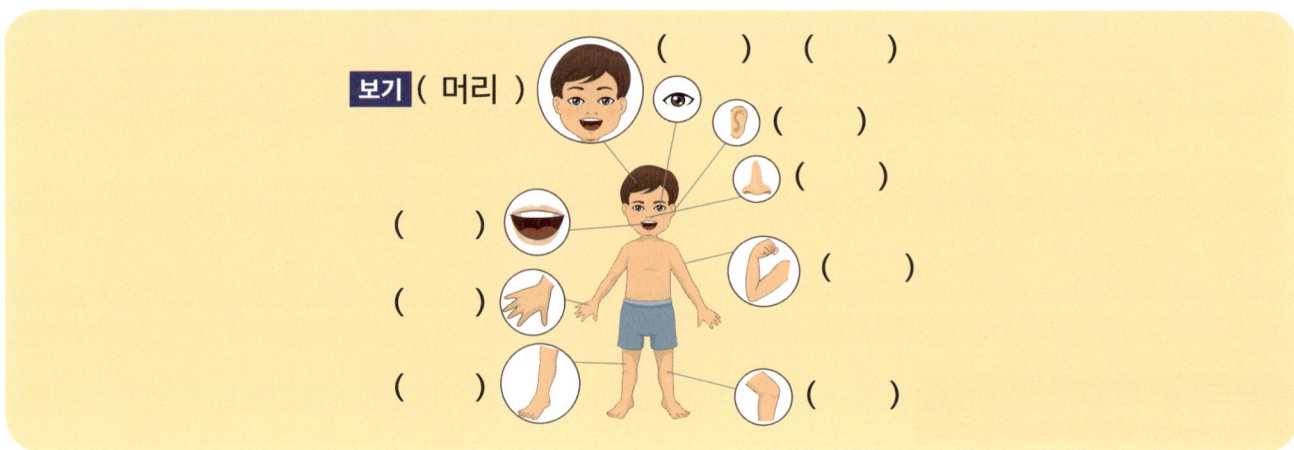

 2. 보기 와 같이 증상을 쓰세요.
请仿照例子写出症状。

보기 다치다

PART 2 문법 语法

문법 1 -(으)니까 🎧 9-1

아루잔 약속 시간에 늦었어요.
        우리 택시를 탈까요?
왕페이 지금 길이 **복잡하니까** 지하철을 타요.

루카 여자 친구에게 무슨 선물을 할까요?
후이 여자들은 꽃을 **좋아하니까** 꽃을 선물하세요.

문법 사용 语法使用

- '-(으)니까'는 이유나 원인을 나타낼 때 사용해요.
  '-(으)니까' 用于表示原因或理由。

■ -(으)니까

의미	이유나 원인을 나타낼 때 사용 用于表示原因或理由		
		받침 O	받침 X, 받침 ㄹ
형태 변화	동사(V) 형용사(A)	먹다 - 먹**으니까** 좋다 - 좋**으니까** *듣다 - 들**으니까**(듣으니까X) *어렵다 - 어려**우니까**(어렵으니까X)	가다 - 가니까 싸다 - 싸니까 *길다 - 기**니까**(길으니까X)
	명사(N)	병원 - 병원**이니까**	의사-의사니까 *물-물이니까

[예문]

- 비가 오니까 우산을 쓰세요.
- 지금은 바쁘니까 내일 전화하세요.
- 내일 시험이 있으니까 공부하세요.
- 이 책은 다 읽었으니까 빌려 줄 수 있어요.

PART 2 문법

> **TIP**

원인이나 이유를 표현하는 '-아/어/해서'와 '-(으)니까' 비교
比较表示原因或理由的'-아/어/해서'和'-(으)니까'

		-아/어/해서	-(으)니까
문법	뒤 문장에 명령, 청유, 제안 표현 后句中包含命令、共动、建议的表达	X [예문] 시간이 **없어서** 빨리 가세요. 다리가 **아파서** 택시를 탈까요?	O [예문] 시간이 **없으니까** 빨리 <u>가세요</u>. 다리가 **아프니까** 택시를 <u>탈까요?</u>
	과거 시제 过去时	X [예문] 한국에 **살았어서** 한국어를 잘해요.	O [예문] 한국에 **살았으니까** 한국어를 잘해요.
	뒤 문장에 감사, 사과 표현 后句中包含感谢、道歉的表达	O [예문] 만나서 <u>반가워요.</u>	X [예문] **만났으니까** 반가워요.

> **TIP**

'-(으)니까'를 화자의 감정, 개인적인 상황에 대한 이유로 사용하면 경우나 상황에 따라 듣는 사람이 기분 나쁠 수 있어요. 특히 윗사람에게 사용할 때는 주의해야 해요.
当'-(으)니까'用于表示说话者的情感或个人情况的理由时，根据情况不同，听者可能会感到不快。特别是对上级使用时要注意。

예) 선생님: 어제 왜 학교에 안 왔어요?
　　학생: 　일이 <u>있었으니까</u> 학교에 못 왔어요. (X)
　　　　　　일이 <u>있어서</u> 학교에 못 왔어요. (O)

연습 练习

 1. **보기** 와 같이 말하세요.
请仿照例子说。

보기

더우니까 아이스크림을 먹을까요?

1)

_____ 코트를 입으세요.

2)
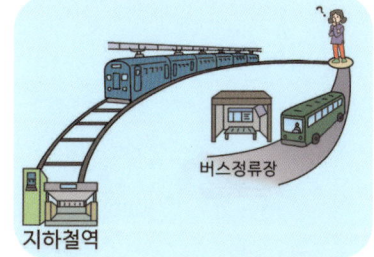
_____ 버스를 탈까요?

3)

_____ 조용히 하세요.

4)

_____ 집에서 쉬세요.

9과_배가 아프니까 이 약을 먹어야 해요.

PART 2 문법

2. 보기 와 같이 '-아/어/해서'와 '-(으)니까' 중 하나를 골라서 한 문장으로 쓰세요.
   请仿照例子选择'-아/어/해서'或'-(으)니까'组成一个句子。

> **보기**
>
> 드라마가 재미있어요 / 두 번 봤어요
>
> → 드라마가 재미있어서 두 번 봤어요.

1) 만나요 / 반가워요

   ⇨ _____

2) 지금 선생님이 안 계세요 / 다음에 다시 전화하세요

   ⇨ _____

3) 주말이에요 / 놀러 갈까요?

   ⇨ _____

문법 2 -아/어/해야 하다[되다]

아루잔 무슨 약을 먹어야 해요?
줄리앙 감기에 걸렸으니까 이 약을 드세요.

에릭 오늘 뭐 해요?
안톤 내일 시험이 있어서 공부해야 돼요.

문법 사용 语法使用

- '-아/어/해야 하다'는 의무적으로 해야 하는 행위나 꼭 필요한 상태를 나타내요. 대화를 할 때는 주로 '-아/어/해야 되다'로 사용해요.
  '-아/어/해야 하다' 表示义务性必须做的行为或必需的状态。进行表达时通常使用 '-아/어/해야 되다'。

■ -아/어/해야 하다[되다]

의미	의무적으로 해야 하는 행위나 꼭 필요한 상태를 표현 表示义务性必须做的行为或必需的状态		
형태 변화	동사(V) 형용사(A)	ㅏ, ㅗ (O)	작다-작**아야 하다[되다]**-작**아야 해요[돼요]** 오다-와**야 하다[되다]**-와**야 해요[돼요]**
		ㅏ, ㅗ (X)	먹다-먹**어야 하다[되다]**-먹**어야 해요[돼요]** 길다-길**어야 하다[되다]**-길**어야 해요[돼요]**
	하다		공부하다-공부**해야 하다[되다]**-공부**해야 해요[돼요]** 운동하다-운동**해야 하다[되다]**-운동**해야 해요[돼요]**

[예문]

- 이가 아프면 병원에 가야 됩니다.
- 매일 숙제를 해야 합니다.
- 부모님이 한국에 오셔서 공항에 가야 돼요.
- 병원에서 처방전을 받아서 약국에 가야 해요.

PART 2 문법

연습 练习

1. 보기 와 같이 말하세요.
   请仿照例子说。

왕페이: 같이 영화를 보러 갈까요?
줄리앙: 미안해요. 오늘은 영화를 볼 수 없어요. 시험이 있으니까/있어서 **공부해야 해요.**

이유: 시험이 있다

1)

이유: 다리가 아프다

2)

이유: 파티가 있다

3)

이유: 가족들과 약속이 있다

4)

이유: 숙제가 많다

문법 3 -지 마세요

하루카 저는 너무 뚱뚱해요. 살을 빼고 싶어요.
아루잔 그러면 햄버거를 먹지 마세요.

허지원 수영해도 돼요?
왕페이 감기에 걸렸으니까 수영하지 마세요.

문법 사용 语法使用

- '-지 마세요'는 상대방에게 어떠한 행동을 하지 말 것을 말할 때 사용해요.
  '-지 마세요'用于告诉对方不要做某个行为。

■ -지 마세요

의미	상대방에게 어떠한 행동을 하지 말 것을 말할 때 사용하는 표현 用于告诉对方不要做某个行为时的表达	
형태 변화	동사(V) + -지 마세요	먹다 - 먹**지 마세요** 가다 - 가**지 마세요** 게임하다 - 게임하**지 마세요**

[예문]

· 커피를 많이 마시지 마세요.
· 다리를 다쳤으니까 축구를 하지 마세요.
· 이 자리는 임산부석이니까 앉지 마세요.

PART 2 문법

연습 练习

 1. 보기 와 같이 말하세요.
请仿照例子说。

| 보기 | 쓰레기를 버리다 담배를 피우다 만지다 먹다 찍다 |

사진을 찍지 마세요.

1)

2)

3)

4)

PART 3 > 연습 练习

보기 와 같이 연습해 보세요.
请仿照例子练习。

보기

집에서 쉬다 O
밖에 나가다 X

배가 아파요. 배가 아프면 어느 병원에 가야 해요?
그리고 어떻게 해야 해요?

① 배가 아프면 내과에 가세요.
② 배가 아프니까 집에서 쉬어야 해요.
③ 배가 아프니까 오늘은 밖에 나가지 마세요.

1)

이를 잘 닦다 O
초콜릿을 먹다 X

이가 아파요. 이가 아프면 어느 병원에 가야 해요?
그리고 어떻게 해야 해요?

① _____
② _____
③ _____

2)

스트레칭을 하다 O
축구를 하다 X

허리가 아파요. 허리가 아프면 어느 병원에 가야 해요?
그리고 어떻게 해야 해요?

① _____
② _____
③ _____

3)

따뜻한 물을 마시다 O
담배를 피우다 X

기침을 해요. 기침을 하면 어느 병원에 가야 해요?
그리고 어떻게 해야 해요?

① _____
② _____
③ _____

PART 4 듣기 听力

 1. 다음을 듣고 알맞은 그림을 고르세요. 🎧9-4
请听下面的内容并选择正确的图片。

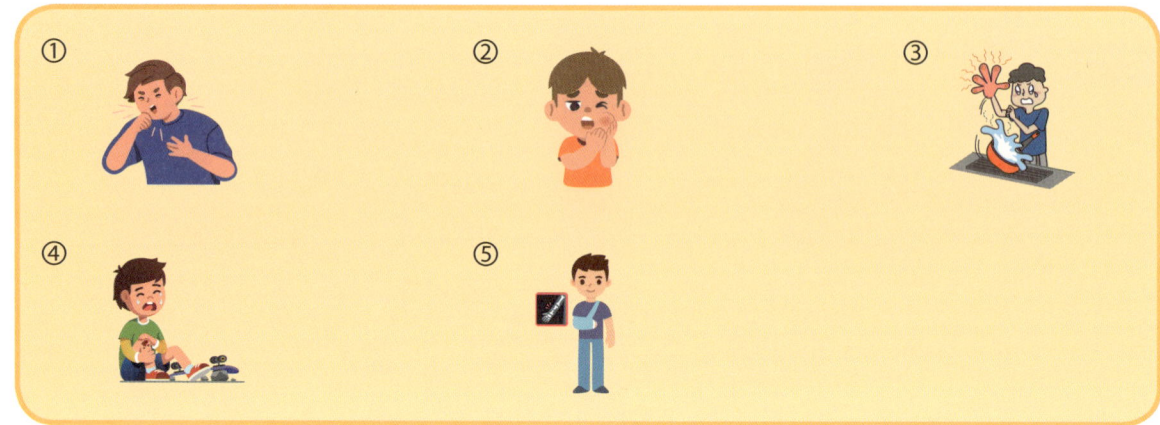

1) (　　　)
2) (　　　)
3) (　　　)

 2. 다음을 듣고 질문에 답하세요. 🎧9-5
请听下面的内容并回答问题。

1) 하루카 씨는 왜 손을 데었어요?
晴香为什么烫伤了手?

_____

2) 하루카 씨는 어제 왜 병원에 못 갔어요?
晴香昨天为什么没能去医院?

_____

3. 다음을 듣고 질문에 답하세요. 9-6
请听下面的内容并回答问题。

1) 아루잔 씨의 증상이 아닌(X) 것을 고르세요.
请选择不是阿露珍症状的一项。

① 　② 　③ 　④

2) 들은 내용과 같은 것을 고르세요.
请选择与所听到的内容一致的一项。

① 퓨퓨아웅 씨는 지금도 아파요.
② 퓨퓨아웅 씨는 오늘 밖에 나가야 해요.
③ 아루잔 씨는 내일도 병원에 가야 해요.
④ 아루잔 씨는 지난주에 아파서 약을 먹었어요.

PART 5 말하기 口语

'-(으)니까', '-아/어/해야 하다[되다]', '-지 마세요'를 사용하여 이야기해 보세요.
请使用 '-(으)니까', '-아/어/해야 하다[되다]', '-지 마세요' 进行表达。

1	여기는 병원이에요. 병원에서는 어떻게 해야 해요[돼요]?
2	여기는 박물관이에요. 박물관에서는 어떻게 해야 해요[돼요]?
3	저는 친구가 없어요. 매일 혼자 밥을 먹어요. 심심해요. 어떻게 해야 해요[돼요]?
4	제 룸메이트는 청소를 하지 않아요. 그래서 어제 룸메이트와 싸웠어요. 룸메이트에게 어떻게 말해야 해요[돼요]?

PART 6 활동 活动

1. 이 사람은 어떻게 해야 해요? <보기>와 같이 '-아/어/해야 해요'를 사용하여 이야기해 보세요.
   这个人应该怎么做？请仿照例子使用'-아/어/해야 해요'进行表达。

> **보기**
>
>
>
> 배가 고프다 + 음식을 먹다
> -(으)니까   -아/어/해야 하다
>
> 배가 고프니까 음식을 먹어야 해요.

1)

한국에 살다 + _____

_____

2)

도서관이니까 + _____

_____

3)

아프다 + _____

_____

2. 학교 안에 있는 금지 표지판을 찾아 보세요. 그림을 그려 보세요. 그리고 친구들에게 설명해 주세요.
   请找找在学校里的禁止指示牌。请试着画出来。然后请向朋友们说明一下。

PART 7 자가 점검 自我检测

	질문 问题	네 是	아니요 不是
1	나는 '신체'와 관련된 단어를 알고 올바르게 사용할 수 있어요. 我可以理解并正确使用与'身体'相关的词汇。		
2	나는 '증상'과 관련된 단어를 알고 올바르게 사용할 수 있어요. 我可以理解并正确使用与生病症状相关的词汇。		
3	나는 이유·원인의 의미를 나타내는 '-(으)니까'를 사용하여 말할 수 있어요. 我可以使用表示原因和理由的'-(으)니까'进行表达。		
4	나는 당위 표현을 나타내는 '-아/어/해야 하다[되다]'를 사용하여 말할 수 있어요. 我可以使用表示义务的'-아/어/해야 하다[되다]'进行表达。		
5	나는 금지 명령 표현을 나타내는 '-지 마세요'를 사용하여 말할 수 있어요. 我可以使用表示禁止性命令的'-지 마세요'进行表达。		

MEMO

10과
第10课

제주도로 여행을 가려면 어떻게 해야 해요?

如果要去济州岛旅行,
应该怎么做?

- 학교에서 집까지 가까워요? 从学校到家近吗?
- 여행을 가려면 무엇을 준비해야 해요? 如果要去旅行，应该准备什么?

학습 목표 学习目标

1. 교통 수단 관련 어휘를 알고 사용할 수 있어요.
   可以了解并使用与交通工具相关的词汇。

2. 이동의 방향을 나타내는 '-(으)로'를 사용하여 말할 수 있어요.
   可以使用表示移动方向的'-(으)로'进行表达。

3. 시작과 끝을 나타내는 'N에서(부터) N까지'를 사용하여 말할 수 있어요.
   可以使用表示起点(开始)和终点(结束)的'N에서(부터) N까지'进行表达。

4. 어떠한 의도나 목적을 가정할 때 사용하는 '-(으)려면'을 말할 수 있어요.
   可以使用假设某种意图或目的时使用的'-(으)려면'进行表达。

PART 1　어휘 词汇

교통 수단 交通工具

 버스

 택시

 지하철

 자동차

 자전거

 비행기

 배

 기차(KTX)

 오토바이

 전동 킥보드

학습 어휘 学习词汇

- 타다 乘坐
- 버스정류장 公交车站
- 나오다 出来
- 쭉(곧장) 一直
- 먼저 首先
- 의과 대학 医学院
- 이어폰 耳机
- 사당역 舍堂站
- 전주 全州
- 대전 大田
- 서울 首尔
- 내리다 下车
- 기차역 火车站
- 길을 건너다 过马路
- 사거리 十字路口
- 예약하다 预订
- 졸업하다 毕业
- 인터넷 互联网
- 강남역 江南站
- 경주 庆州
- 대구 大邱
- 기념품 纪念品
- 갈아타다(환승) 换乘
- 들어가다 进去
- 걸리다 花费(时间)
- 쯤 大约
- 재료 材料
- 구경하다 参观
- 외국인등록증 外国人登录证
- 속초 束草
- 수원 水原
- 광주 光州

연습 练习

 1. **보기** 와 같이 쓰세요.
请仿照例子写。

보기 버스를 타요

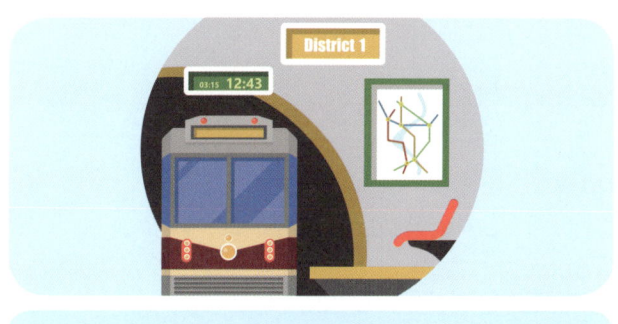

PART 2 문법 语法

문법 1 N(으)로

안톤 병원이 어디에 있어요?
루카 사거리에서 앞으로 쭉 가세요.

줄리앙 어디로 여행을 갈 거예요?
지원 미국으로 갈 거예요.

문법 사용 语法使用

- '-(으)로'는 이동의 방향을 나타낼 때 사용해요. 그리고 도구, 수단, 방법을 나타낼 때도 사용해요.
  '-으로' 用于表示移动的方向。它也用于表示工具、手段和方法。

■ N(으)로

의미	· 이동의 방향을 나타냄 表示移动的方向 · 도구, 수단, 방법을 나타냄 表示工具、手段和方法			
형태 변화	받침 O	옆-옆으로 펜-펜으로	받침 X, 받침 ㄹ	제주도-제주도로 지하철-지하철로

[예문]

· 내일 학교로 오세요.   · 오른쪽으로 가면 화장실이 있어요.

TIP

'N(으)로'는 명사 뒤에 붙어서 도구, 재료, 방향의 의미를 나타내요.
'N(으)로'用于名词后面，表示工具、材料、方向的意思。

① 도구, 수단, 방법을 나타내요.
表示工具、手段、方法。
[예문] 서울역에서 4호선으로 갈아타세요.

② 어떤 것의 재료가 되는 것을 나타내요.
表示成为某种东西的材料。
[예문] 이 책상은 나무로 만들었습니다.

③ 어떤 지점이나 방향을 목적지로 함을 나타내요.
表示以某个地点或方向为目的地。
[예문] 왼쪽으로 가면 백화점이 있어요.

TIP

'N(으)로' VS '에'
'N(으)로'는 방향을 나타내요. '에'는 정확한 목적지를 나타내요. 의미나 쓰임이 비슷하여 서로 바꿔 쓸 수 있지만, 의미 차이 때문에 서로 바꿔 쓸 수 없는 경우도 있어요.
'N(으)로'表示方向，而'에'表示确切的目的地。两者在意思和用法上相似，可以互换使用，但由于意思差异，有时不能互换使用。

[예문]

우리 집으로 오세요. = 우리 집에 오세요.
오른쪽으로 가세요. (O) / 오른쪽에 가세요. (X)

TIP

'어떻게 가요?': 이동 수단을 물어볼 때 사용해요.
'怎么去？'：用于询问交通工具。

[예문]

A: 학교에 어떻게 가요?
B: 학교에 걸어서 가요. / 학교에 버스로 가요.

PART 2　문법

연습 练习

 1. **보기** 와 같이 이야기해 보세요.
　　 请仿照例子进行表达。

보기

하루카　학교에 어떻게 가요?
줄리앙　버스로 가요.

1)

하루카　어디로 보내실 거예요?
줄리앙　_____.

2)

하루카　어디로 여행을 가세요?
줄리앙　_____.

3)

하루카　화장실이 어디에 있어요?
줄리앙　_____.

2. 'N(으)로'를 사용하여 보기 와 같이 이야기해 보세요.
请使用'N(으)로'仿照例子进行表达。

| 보기 | 쌀로 케이크를 만들 수 있어요. |

PART 2 문법

문법 2 N에서 N까지

에릭   학교**에서** 집**까지** 어떻게 가요?
퓨퓨아웅 버스로 가요.

하루카   한국**에서** 베트남**까지** 얼마나 걸려요?
후이   비행기로 4시간쯤 걸려요.

문법 사용 语法使用

- 'N에서 N까지'는 공간 이동의 출발지와 도착지를 나타낼 때 사용해요. 'N에서'는 출발지를, 'N까지'는 도착지를 나타내요.
  'N에서 N까지'用于表示空间移动的出发地和到达地。'N에서'表示出发地，'N까지'表示到达地。

[예문]

· 집에서 학교까지 걸어서 갔어요.
· 서울에서 대구까지 KTX로 1시간 40분쯤 걸려요.

· 줄리앙: 여기에서 백화점까지 얼마나 걸려요?
  지원: 택시로 15분쯤 걸려요.

TIP

시간의 시작과 끝을 나타낼 때에도 'N부터 N까지'를 사용해요.
表示时间的开始和结束时，也使用'N부터 N까지(从N到N)'。

[예문] · <u>1시부터 4시까지</u> 한국어를 공부해요.
      · <u>금요일부터 일요일까지</u> 여행을 갈 거예요.

> **연습** 练习

보기 와 같이 '부터, 까지, 에서' 중에서 적절한 것을 골라 대화를 완성하세요.
请仿照例子从'부터, 까지, 에서'中选择适当的词完成对话。

> **보기**
>
> 에릭 　　방학이 언제예요?
> 지원 　　방학은 6월 20일**부터** 8월 31일**까지**예요.

1) 왕페이 　서울_____ 부산_____ 얼마나 걸려요?
   줄리앙 　KTX로 2시간 20분쯤 걸려요.

2) 줄리앙 　어느 나라_____ 오셨어요?
   안톤 　　저는 러시아_____ 왔어요.

3) 퓨퓨아웅 언제_____ 언제_____ 한국어 수업이 있어요?
   하루카 　3월_____ 6월_____ 한국어 수업이 있어요.

4) 지원 　　집에 오면 제일 먼저 무엇을 해야 하나요?
   아루잔 　집에 오면 손_____ 씻어야 해요.

문법 3　-(으)려면

줄리앙　어떻게 하면 한국어를 잘할 수 있을까요?
하루카　한국어를 **잘하려면** 한국 친구를 많이 사귀세요.

후이　제주도로 여행을 **가려면** 어떻게 해야 해요?
지원　먼저 비행기표를 예약해야 해요.

PART 2 문법

문법 사용 语法使用

- '-(으)려면'은 동사와 결합하여 어떠한 의도나 목적을 가정할 때 사용해요. 뒤 문장에는 주로 방법을 써요.
  '-(으)려면'与动词结合，用来假设某种意图或目的。在后面的句子中通常使用方法。

■ -(으)려면

의미	어떠한 의도나 목적을 가정할 때 사용 用于假设某种意图或目的			
형태 변화	**받침 O**	먹다 - 먹으려면 듣다 - 들으려면	**받침 X, 받침 ㄹ**	가다 - 가려면 살다 - 살려면

[예문]
- 명동에 가려면 지하철 4호선을 타세요.
- 김밥을 만들려면 재료가 있어야 해요.
- 선생님을 만나려면 수요일에 학교로 오세요.

> **TIP**
>
> '-(으)려면' 뒤 문장에는 주로 명령, 청유의 '-(으)세요', 당위 '-아/어/해야 하다' 등의 표현을 사용해요.
> 在'-(으)려면'后面的句子中，通常使用命令、请求形式的'-(으)세요'，以及表示义务的'-아/어/해야 하다'等表达方式。

> **TIP**
>
> '-(으)려면'와 '-(으)면' 비교
> '-(으)려면'与'-(으)면'的比较
>
> | -(으)려면 | -(으)면 |
> |---|---|
> | 어떠한 의도나 목적을 가정할 때 사용해요.
用于假设某种意图或目的。 | 단순한 가정이나 조건을 말할 때 사용해요.
用于表示单纯的假设或条件。 |
> | [예문] 아침에 일찍 일어나려면 저녁에 일찍 자야 해요. | [예문] 아침에 일찍 일어나면 산에 갈 거예요. |

연습 练习

1. 보기 와 같이 '-(으)려면'을 사용해서 문장을 쓰세요.
请仿照例子，使用'-(으)려면'写句子。

> **보기**　한국 드라마를 **보려면** 단어를 많이 알아야 해요. (보다)

1) 한국에서는 의사가 _____ 의과 대학을 졸업해야 돼요. (되다)

2) 한국에서 아름다운 섬을 _____ 제주도로 가세요. (구경하다)

3) _____ 운동을 열심히 해야 해요. (살을 빼다)

4) 지하철에서 _____ 이어폰을 사용해야 해요. (음악을 듣다)

5) _____ 한국어 듣기 연습을 많이 하세요. (한국어 발음을 잘하다)

2. '-(으)려면', '-(으)면', '-(으)려고' 중 적절한 것을 찾으세요.
请从'-(으)려면', '-(으)면', '-(으)려고'中选择适当的一个。

1) 지원　7시까지 공항에 가야 해요. 몇 시에 출발해야 할까요?
   아루잔　7시까지 공항에 (가려면 / 가면 / 가려고) 5시에 출발해야 해요.

2) 루카　왜 학교에 일찍 가세요?
   에릭　시험이 있어서 (공부하려면 / 공부하면 / 공부하려고) 일찍 가요.

3) 안톤　서울역에 어떻게 가요?
   후이　지하철 1호선을 (타려면 / 타면 / 타려고) 돼요.

4) 왕페이　인터넷으로 물건을 사고 싶어요. 무엇이 필요해요?
   퓨퓨아웅　인터넷으로 물건을 (사려면 / 사면 / 사려고) 외국인등록증이 필요해요.

PART 3 연습 练习

 보기와 같이 그림을 보고 쓰세요.
请仿照例子看图片写句子。

보기

서울 — 2시간 30분 → 부산

부산에 가려면 KTX를 타고 가야 해요.
서울에서 부산까지 KTX로 갈 거예요.
서울에서 부산까지 2시간 20분쯤 걸려요.

1)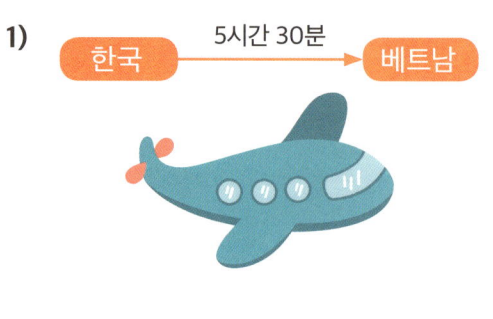

한국 — 5시간 30분 → 베트남

_____
_____
_____

2)

인천 — 13시간 30분 → 제주도

_____
_____
_____

3)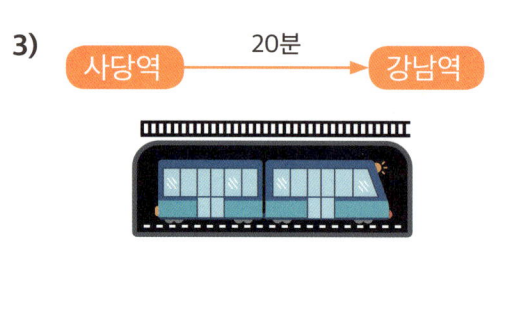

사당역 — 20분 → 강남역

_____
_____
_____

4)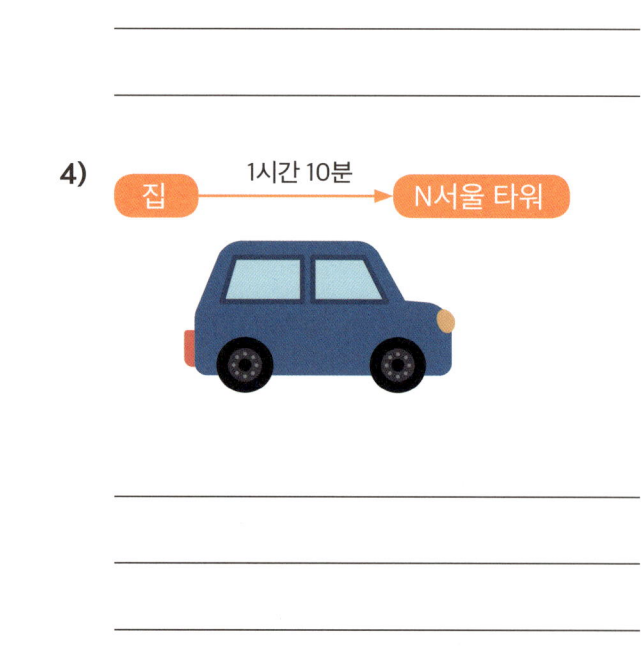

집 — 1시간 10분 → N서울 타워

_____
_____
_____

PART 4 듣기 听力

 1. 다음을 듣고 질문에 답하세요. 🎧 10-4
请听下面的内容并回答问题。

1) 한국에서 프랑스까지 얼마나 걸려요?
   从韩国到法国需要多长时间?

   _____

2) 들은 내용과 같은 것을 고르세요.
   请选择与所听到的内容一致的一项。

   ① 줄리앙 씨는 내일 비행기 표를 사려고 해요.
   ② 두 사람은 다음 방학에 베트남에 가려고 해요.
   ③ 후이 씨는 한국에서 프랑스로 여행을 갈 거예요.
   ④ 방학에 고향에 가려면 비행기 표를 지금 사야 해요.

 2. 다음을 듣고 질문에 답하세요. 🎧 10-5
请听下面的内容并回答问题。

1) 퓨퓨아웅 씨는 집에서 강남역까지 어떻게 갔어요? 그리고 집에 어떻게 올 거예요? 교통 수단을 쓰세요.
   朴朴昂从家到江南站是怎么去的? 还有回家时怎么回去? 请写出交通工具。

   (   )   (   )   (   )   (   )
   집 → 서울역 → 사당역 → 강남역 → 집

2) 들은 내용과 <u>다른(X)</u> 것을 고르세요.
   请选择与所听到的内容不一致的一项。

   ① 퓨퓨아웅 씨는 미얀마 사람이에요.
   ② 퓨퓨아웅 씨 집에서 강남역까지 1시간쯤 걸려요.
   ③ 퓨퓨아웅 씨는 11시 반에 친구를 만나려고 해요.
   ④ 퓨퓨아웅 씨는 다음 달부터 한국 요리를 배울 거예요.

PART 5　말하기 口语

여행 계획을 세워 보세요. 그리고 친구와 이야기 하세요.
请制定旅行计划，并与朋友聊一聊。

1) 어디로 여행을 가려고 해요?

2) 언제부터 언제까지 갈 거예요?

3) ○○까지 가려면 어떻게 가야 해요?

4) ○○까지 얼마나 걸려요?

5) 왜 ○○에 가고 싶어요?

PART 6 — 활동 活动

보기 와 같이 친구에게 질문해 보세요.
请仿照例子向朋友提问。

보기	친구 이름: 왕페이	
	왕페이 씨, 고향에 언제 가려고 해요? 고향이 어디예요?	내년에 가려고 해요. 중국이에요.
	왕페이 씨, 한국에서 중국까지 비행기로 얼마나 걸려요?	비행기로 두 시간쯤 걸려요.
	가족들 선물로 무엇을 살 거예요?	한국 기념품을 살 거예요.
	선물을 사려면 어디에 가야 해요?	한국 기념품을 사려면 인사동에 가야 해요.

1. 친구 이름:

_____씨, 고향에 언제 가려고 해요? 고향이 어디예요?	
_____씨, 한국에서 _____까지 비행기로 얼마나 걸려요?	
가족들 선물로 무엇을 살 거예요?	
선물을 사려면 어디에 가야 해요?	

2. 친구 이름:

_____씨, 고향에 언제 가려고 해요? 고향이 어디예요?	
_____씨, 한국에서 _____까지 비행기로 얼마나 걸려요?	
가족들 선물로 무엇을 살 거예요?	
선물을 사려면 어디에 가야 해요?	

3. 친구 이름:

_____씨, 고향에 언제 가려고 해요? 고향이 어디예요?	
_____씨, 한국에서 _____까지 비행기로 얼마나 걸려요?	
가족들 선물로 무엇을 살 거예요?	
선물을 사려면 어디에 가야 해요?	

PART 7 — 자가 점검 自我检测

질문 问题	네 是	아니요 不是
1. 나는 교통 수단 관련 어휘를 알고 사용할 수 있어요. 我可以了解并使用与交通工具相关的词汇。		
2. 나는 이동의 방향을 나타내는 'N(으)로'를 사용하여 말할 수 있어요. 我可以使用表示移动方向的'N(으)로'进行表达。		
3. 나는 시작과 끝을 나타내는 'N에서(부터) N까지'를 사용하여 말할 수 있어요. 我可以使用表示起点(开始)和终点(结束)的'N에서(부터) N까지'进行表达。		
4. 나는 어떠한 의도나 목적을 가정할 때 사용하는 '-(으)려면'을 말할 수 있어요. 我可以使用假设某种意图或目的时使用的'-(으)려면'进行表达。		

MEMO

정답

듣기 지문

어휘 색인

정답

1과

p24 1번 🎧 1-4

1) ②　　　　　　2) ③
3) 사과, 오렌지, 귤

p25 2번 🎧 1-5

1) ④　　　　　　2) ④

2과

p43 1번 🎧 2-4

1) 안톤 - ①
   아루잔 - ④
   왕페이 - ⑦

p43 2번 🎧 2-5

1) ④　　　　　　2) ①
3) ②

3과

p62 1번 🎧 3-3

1) ③　　　　　　2) ②
3) ④

p62 2번 🎧 3-4

1) ③　　　　　　2) ③

4과

p80 1번 🎧 4-4

1) X　　　　　　2) X
3) X　　　　　　4) O

p80 2번 🎧 4-5

1) ③　　　　　　2) ③

p80 3번 🎧 4-6

1) ③　　　　　　2) ③

5과

p95 1번 🎧 5-3

1) ④

p95 2번 🎧 5-4

1) ③　　　　　　2) ②

6과

p114 1번 6-4

1) ② 2) ②

p114 2번 6-5

1) O 2) X
3) X 4) X

7과

p129 1번 7-3

1) O 2) X
3) O 4) X

p129 2번 7-4

1) ① 2) ③

8과

p145 1번 8-3

1) 23살 2) 45살
3) 59살

p145 2번 8-4

1)
할아버지	할머니	아버지	어머니	누나	형	남동생	여동생
	O	O	O				

2) ③

9과

p164 1번 9-4

1) ① 2) ②
3) ④

p164 2번 9-5

1) 뜨거운 커피에 손을 데었어요.
2) 어제 주말이어서 병원에 못 갔어요.

p165 3번 9-6

1) ③ 2) ③

10과

p183 1번 10-4

1) 14시간 2) ④

p183 2번 10-5

1) 버스, 지하철 4호선, 지하철 2호선, 택시
2) ③

듣기 지문

1과

track 1-1

안톤   안녕하십니까? 안톤입니다.
　　　　반갑습니다.
줄리앙   네 안녕하십니까? 줄리앙입니다.
　　　　반갑습니다.

안녕하십니까? 발표자 허지원입니다.

안녕하십니까?
오늘의 뉴스입니다.

track 1-2

후이   어디에 삽니까?
하루카   저는 지금 한국에 삽니다.

안톤   실례합니다. 에릭 씨를 압니까?
아루잔   네. 압니다. 제 친구입니다.

track 1-3

줄리앙   반 친구들이 무엇을 합니까?
하루카   저는 숙제하고 아루잔 씨는 책을 읽어요.

퓨퓨아옹   에릭 씨, 오늘 점심을 먹고 뭐 해요?
에릭   저는 점심을 먹고 숙제하고 친구를 만나요.

track 1-4

안녕하세요. 저는 아루잔입니다. 저는 지금 한국에 삽니다. 한국에서 한국어를 공부합니다. 한국에서 일을 안 합니다. 오늘 아침에 수업이 있습니다. 수업을 듣고 친구와 함께 식당에 갑니다. 오늘은 한국 친구와 함께 비빔밥을 먹습니다. 오후에는 도서관에서 숙제를 하고 기숙사에 갑니다. 기숙사에 가서 청소를 하고 티비를 봅니다. 저녁에는 마트에서 사과하고 오렌지, 귤을 삽니다.

track 1-5

안녕하세요. 이 사람은 제 친구 왕페이 씨입니다. 왕페이 씨는 중국 사람입니다. 지금 서울에 삽니다. 왕페이 씨는 40살입니다. 지금 한국에서 일합니다. 그래서 왕페이 씨는 아주 바쁩니다. 내일은 조금 한가합니다. 내일 오전에는 방청소를 하고 저와 함께 극장에서 영화를 봅니다. 그리고 쇼핑을 하고 운동도 합니다. 왕페이 씨는 한국 친구가 많습니다. 왕페이 씨는 지금 남자 친구가 없습니다. 그래서 보통 저와 함께 놉니다. 왕페이 씨는 착하고 똑똑합니다. 저는 왕페이 씨를 좋아합니다.

2과

track 2-1

하루카   여보세요? 지원 씨?
　　　　지금 뭐 하고 있어요?
지원   아, 하루카 씨.
　　　　저는 지금 집에서 쉬고 있어요.

하루카   여보세요?
줄리앙   네. 안톤 씨 휴대폰입니다.
하루카   아, 안톤 씨는요?
줄리앙   네. 안톤 씨는 지금 방에서 자고 있어요.

track 2-2

지원	안톤 씨, 지금 뭐 하고 있어요?
안톤	저는 지금 옷을 입고 있어요.

에릭	누가 루카 씨예요?
왕페이	루카 씨는 파란색 바지를 입고 있어요.

track 2-3

안톤	아루잔 씨? 내일 뭐 해요?
아루잔	별일 없어요.
안톤	그럼 우리 같이 영화 볼까요?

루카	하루카 씨 지금 뭐 해요?
하루카	지금 숙제해요. 너무 힘들어요.
루카	네, 저도 숙제가 너무 어려워요. 같이 할까요?
하루카	그럴까요? 그럼 지금 만날까요?

track 2-4

여기는 공원입니다. 오늘은 날씨가 좋습니다. 그래서 사람들이 많습니다. 저기 제 친구 안톤 씨와 아루잔 씨 왕페이 씨가 있습니다. 안톤 씨는 지금 아루잔 씨와 이야기를 하고 있습니다. 아루잔 씨는 빨간 색 치마를 입고 있습니다. 안톤 씨는 안경을 쓰고 있습니다. 왕페이 씨는 지금 커피를 마시고 있습니다. 왕페이 씨는 갈색 바지를 입고 있습니다. 그리고 까만 색 가방을 메고 있습니다.

track 2-5

줄리앙	하루카 씨, 내일 뭐해요?
하루카	내일요? 글쎄요. 지금 잘 모르겠어요.
줄리앙	그럼 내일 저와 영화 볼까요?
하루카	그래요. 몇 시에 볼까요?
줄리앙	점심 먹고 3시 영화 어때요?
하루카	좋아요. 그리고 내일 6시에 서점에도 갈까요? 한국어 책이 필요해요.
줄리앙	네. 그럼 내일 1시에 만날까요?
하루카	좋아요. 내일 극장 앞에서 만나요.

3과

track 3-1

줄리앙	주말에 뭐 해요?
지원	저는 주말에 친구와 쇼핑하고 싶어요.

아루잔	지금 뭐 하고 싶어요?
안톤	배가 너무 고파요. 밥을 먹고 싶어요.

track 3-2

하루카	여기에 좀 앉아도 돼요?
루카	네, 앉아요. 괜찮아요.

후이	줄리앙 씨, 전화를 좀 받아도 돼요?
줄리앙	네, 그래요.

track 3-3

에릭	주말에 제주도에 가요. 제주도에서 우리 뭐 할까요?
루카	저는 제주도에서 바다를 보고 싶어요.
후이	저는 제주도에서 흑돼지를 먹고 싶어요.
지원	저는 제주도 여기저기를 구경하고 싶어요.
에릭	좋아요. 우리 모두 다 해요.
루카	어, 커피를 다 마셨어요. 커피를 한 잔 더 마셔도 돼요?
에릭	그럼요. 주문해요. 저는 녹차를 한 잔 더 마시고 싶어요.
루카	저기요, 커피 하나, 녹차 하나 주세요.

듣기 지문

track 3-4

아루잔	여기에서 사진을 찍어도 돼요?
지원	아루잔 씨, 공연장에서 사진 안 돼요.
아루잔	아, 그래요? 몰랐어요. 우리나라에서는 괜찮아요.
지원	한국에서는 박물관, 미술관, 영화관, 공연장에서도 사진은 안 돼요.
아루잔	그럼 음식을 먹어도 돼요?
지원	안 돼요.
아루잔	커피는요?
지원	안 돼요.
아루잔	오늘 저녁에 한국 친구 집에 가요. 한국에서 신발을 신고 방에 들어가도 돼요?
지원	안 돼요. 한국에서는 신발을 벗고 방에 들어가요.
아루잔	아. 그래요. 아, 이제 시작해요.

4과

track 4-1

지원	하루카 씨, 자전거를 탈 수 있어요?
하루카	네, 자전거를 탈 수 있어요.
줄리앙	퓨퓨아웅 씨, 수영할 수 있어요?
퓨퓨아웅	아니요, 수영할 수 없어요.
루카	에릭 씨, 축구를 같이 할 수 있어요?
에릭①	네, 축구를 (같이) 할 수 있어요.
에릭②	미안해요, 오늘 바빠요. 축구를 (같이) 할 수 없어요.

track 4-2

지원	후이 씨, 떡볶이를 만들 수 있어요?
후이	아니요, 떡볶이를 만들 수 없어요. 아니요, 떡볶이를 못 만들어요.
줄리앙	퓨퓨아웅 씨, 수영할 수 있어요?
퓨퓨아웅	아니요, 수영할 수 없어요. 아니요, 수영 못 해요.

track 4-3

엄마, 책을 읽어 주세요.

창문을 닫아 주세요.

track 4-4

퓨퓨아웅	줄리앙 씨, 같이 노래방에 갈 수 있어요?
줄리앙	아니요, 미안해요. 저는 노래를 못해요. 그래서 가고 싶지 않아요. 스키장은 어때요? 저는 스키를 잘 타요.
퓨퓨아웅	미안해요, 저는 스키를 탈 수 없어요. 헬스장은 어때요?
줄리앙	좋아요. 지금 같이 가요.

track 4-5

아루잔	하루카 씨, 내일 우리 같이 운동할까요?
하루카	좋아요. 언제 운동할까요?
아루잔	아침 7시에 어때요?
하루카	미안해요. 저는 아침에 못 일어나요.
아루잔	그럼 제가 모닝콜을 해 줄까요?
하루카	아, 좋아요. 그럼 아침 6시 30분에 전화해 주세요.
아루잔	네, 그럼 내일 봐요.

track 4-6

지원 반갑습니다. 저는 지원입니다.
오늘 저는 오전 6시에 헬스장에 갑니다. 운동합니다.
오전 9시에 저는 학교에 갑니다. 저는 한국어를 가르칩니다.
오후 12시에도 한국어를 가르칩니다. 점심은 못 먹습니다.
오후 5시에 집에 옵니다. 그리고 저녁을 먹습니다.
오후 7시에 수영장에 갑니다. 저는 수영을 할 수 있습니다.
오후 9시에 잡니다.

5과

track 5-1

에릭 어제 뭐 했어요?
후이 어제 친구들을 만났어요.

안톤 왕페이 씨, 오늘 왜 지각했어요?
왕페이 오늘 늦잠을 잤어요. 그래서 지각했어요.

track 5-2

루카 아루잔 씨, 왜 모임에 못 갔어요?
아루잔 일이 너무 많아서 못 갔어요.

퓨퓨아웅 지원 씨, 왜 배고파요?
지원 아침에 밥을 못 먹어서 배고파요.

track 5-3

아루잔 줄리앙 씨, 어제 뭐 했어요?
줄리앙 어제 집에서 게임을 했어요. 게임을 밤 12시에 끝냈어요.
아루잔 12시요? 괜찮아요? 안 피곤해요?
줄리앙 피곤해요. 그래서 오늘 아침에 회사에 지각했어요.
아루잔 왜 게임을 오래 했어요?
줄리앙 너무 재미있어서 게임을 멈출 수 없었어요.

track 5-4

안녕하세요? 저는 지원이에요. 지난주에 저는 바빴어요.
월요일에는 친구를 만났어요. 같이 식당에 갔어요.
화요일에는 비가 와서 집에 있었어요. 집에서 청소했어요.
수요일에는 사진을 찍었어요. 저는 사진을 잘 찍어서 친구들 사진을 많이 찍어요.
목요일에는 쇼핑을 했어요. 여름 옷이 없어서 여름 옷을 많이 샀어요.
금요일에는 회사에 갔어요. 회사에서 일했어요.
토요일에는 명동에 갔어요. 명동에 있는 "한국식당"을 좋아해서 많이 가요.
일요일에는 집에서 쉬었어요.

6과

track 6-1

지원 후이 씨, 이번 주말에 뭐 먹을 거예요?
후이 이번 주말에 불고기를 먹을 거예요.

에릭 루카 씨, 내일 날씨가 어때요?
루카 내일 비가 올 거예요.

track 6-2

줄리앙 주말에 뭐 할 거예요?
후이 주말에 날씨가 좋으면 바다에 갈 거예요.

비가 오면 부침개를 먹을 거예요.

듣기 지문

track 6-3

지원   오늘 뭐 할 거예요?
줄리앙   오늘 도서관에 가서 책을 읽을 거예요.

왕페이   어제 뭐 했어요?
아루잔   어제 친구를 만나서 커피를 마셨어요.

track 6-4

지원   오늘은 한국의 계절을 이야기할 거예요. 한국에는 봄, 여름, 가을, 겨울이 있어요. 봄에는 날씨가 따뜻해요. 그리고 꽃이 펴요. 날씨가 좋아요.
여름에는 더워서 사람들이 바다에 많이 가요. 그리고 한국 여름에는 비가 많이 와요. 가을에는 날씨가 쌀쌀해요. 겨울에는 날씨가 추워요. 그리고 눈이 와요. 눈이 많이 오면 눈사람을 만들 수 있어요.

track 6-5

하루카   아루잔 씨, 다음 주에 방학이에요. 방학에 뭐 할 거예요?
아루잔   저는 방학에 한국 여행을 하고 싶어요.
하루카   와, 어디에 갈 거예요?
아루잔   저는 부산에 갈 거예요. 부산에서 바다를 보고 싶어요.
하루카   어? 그런데 다음 주에 비가 와요.
아루잔   네, 비가 오면 호텔에서 쉴 거예요. 하루카 씨는 방학에 뭐 할 거예요?
하루카   저는 방학에 고향에 갈 거예요.

7과

track 7-1

왕페이   어제 뭐 했어요?
아루잔   시험을 잘 보려고 공부했어요.

지원   졸업하면 뭐 하려고 해요?
하루카   졸업하면 일본에 가려고 해요.

track 7-2

퓨퓨아웅   하루카 씨, 어디에 가요?
하루카   미용실에 파마하러 가요.

허지원   퓨퓨아웅 씨, 주말에 뭐 할 거예요?
퓨퓨아웅   주말에 친구하고 영화를 보러 갈 거예요.

track 7-3

지원   하루카 씨, 방학에 뭐 할 거예요?
하루카   지원 씨, 저는 방학에 가족을 만나러 고향에 갈 거예요.
지원   이번 방학에 저도 일본에 놀러 가요. 일본에 친구가 있어요.
하루카   정말요? 그럼 우리 집에도 놀러 와요.
지원   하하, 고마워요. 그런데 친구의 가족을 만나러고 일본에 가요.
그래서 하루카 씨를 만날 수 없어요.

track 7-4

안녕하세요? 저는 한국 미용실에서 일하고 있어요. 오늘은 저의 하루를 이야기할 거예요. 오늘은 손님이 두 명 왔어요. 지원 씨, 아루잔 씨가 왔어요.
지원 씨는 머리를 자르러 왔어요. 그래서 단발 머리로 잘랐어요. 그리고 파란 색으로 염색도 했어요.

아루잔 씨는 생머리예요. 파마 머리를 하고 싶어요. 하지만 머리가 너무 짧아요. 그래서 오늘은 노란 색으로 염색만 했어요. 다음 달에 아루잔 씨는 파마 머리를 하러 올 거예요.

8과

track 8-1

하루카   이분은 누구세요?
지원   우리 어머니세요.

에릭   연세가 어떻게 되세요?
루카   쉰두 살이에요.

track 8-2

에릭   선생님께서는 지금 뭐 하세요?
루카   책을 읽으세요.

지원   가족이 모두 중국에 계세요?
왕페이   네, 모두 중국에 있어요.

track 8-3

① A: 몇 살이에요?
    B: 스물세 살이에요.
② A: 나이가 어떻게 되세요?
    B: 마흔다섯 살이에요.
③ A: 연세가 어떻게 되세요?
    B: 쉰아홉 살이에요.

track 8-4

에릭   루카 씨, 가족이 어떻게 되세요?
루카   모두 여섯 명이에요. 할머니와 부모님이 계시고, 누나와 남동생이 있어요.
에릭   할아버지는 안 계세요?
루카   네, 할아버지께서는 3년 전에 돌아가셨어요.

에릭   아...그럼 가족들은 모두 독일에 있어요?
루카   아니요, 할머니와 부모님께서는 독일에 계시고 누나는 저와 함께 한국에 있고, 남동생은 미국에 있어요.

9과

track 9-1

아루잔   약속 시간에 늦었어요. 우리 택시를 탈까요?
왕페이   지금 길이 복잡하니까 지하철을 타요.

루카   여자 친구에게 무슨 선물을 할까요?
후이   여자들은 꽃을 좋아하니까 꽃을 선물하세요.

track 9-2

아루잔   무슨 약을 먹어야 해요?
줄리앙   감기에 걸렸으니까 이 약을 드세요.

에릭   오늘 뭐 해요?
안톤   내일 시험이 있어서 공부해야 돼요.

track 9-3

하루카   저는 너무 뚱뚱해요. 살을 빼고 싶어요.
아루잔   그러면 햄버거를 먹지 마세요.

허지원   수영해도 돼요?
왕페이   감기에 걸렸으니까 수영하지 마세요.

track 9-4

1) 의사   어디가 아프세요?
    환자   열이 나고 기침을 해요.

2) 의사   어떻게 오셨어요?
    환자   이가 아파요.

듣기 지문

3) **의사** 어디가 아프세요?
   환자 넘어져서 다리에 피가 나요.

track 9-5

에릭 손 다쳤어요?
하루카 네. 어제 친구와 커피숍에 갔어요. 뜨거운 커피에 손을 데었어요.
에릭 괜찮아요? 병원에 갔어요?
하루카 아니요. 아파요. 그리고 어제 주말이어서 병원에 못 갔어요.
에릭 그럼 빨리 병원에 가세요. 아프면 꼭 병원에 가야 해요. 그리고 약도 먹어야 해요.
하루카 네. 고마워요.

track 9-6

퓨퓨아웅 아루잔 씨, 아파요?
아루잔 네, 몸살이 났어요.
퓨퓨아웅 열도 나요?
아루잔 아니요, 기침도 하고 콧물은 나요. 하지만 열은 안 나요.
퓨퓨아웅 저도 지난주에 아팠어요.
아루잔 아...지금은 괜찮아요?
퓨퓨아웅 네, 지금은 괜찮아요. 병원에도 가고, 약도 먹었어요.
그런데 아루잔 씨는 병원에 갔어요?
아루잔 네, 아침에 갔어요. 내일도 가야 해요.
퓨퓨아웅 오늘 일찍 집에 가세요. 잠도 많이 자고, 밖은 추우니까 나가지 마세요.
아루잔 네, 고마워요.

10과

track 10-1

안톤 병원이 어디에 있어요?
루카 사거리에서 앞으로 쭉 가세요.

줄리앙 어디로 여행을 갈 거예요?
지원 미국으로 갈 거예요.

track 10-2

에릭 학교에서 집까지 어떻게 가요?
퓨퓨아웅 버스로 가요.

하루카 한국에서 베트남까지 얼마나 걸려요?
후이 비행기로 4시간쯤 걸려요.

track 10-3

줄리앙 어떻게 하면 한국어를 잘할 수 있을까요?
하루카 한국어를 잘하려면 한국 친구를 많이 사귀세요.

후이 제주도로 여행을 가려면 어떻게 해야 해요?
지원 먼저 비행기표를 예약해야 해요.

track 10-4

후이 줄리앙 씨 뭐 하세요?
줄리앙 비행기 표를 보고 있어요.
후이 여행 갈 거예요?
줄리앙 아니요, 방학에 고향에 가려고 해요. 방학에 프랑스에 가려면 비행기표를 지금 사야 해요.
후이 아~ 한국에서 프랑스까지 얼마나 걸려요?
줄리앙 비행기로 14시간쯤 걸려요. 후이 씨는 방학에 뭐 하세요?
후이 저는 한국에서 공부하려고 해요.
줄리앙 아 그래요? 이번 방학에는 베트남에 안 가요?
후이 네, 다음 방학에 갈 거예요.

track 10-5

안녕하세요. 저는 퓨퓨아웅이에요. 저는 미얀마에서 왔어요.

저는 지금 한국에서 한국어를 배우고 있어요. 그리고 다음 달부터 한국 요리를 배우려고 해요. 오늘은 미얀마에서 친구가 왔어요. 친구는 강남역에 있어요. 저는 오늘 1시까지 강남역에 가야 해요. 집에서 강남역까지 가려면 1시간쯤 걸려요. 그래서 11시 반쯤 출발했어요. 버스를 타고 서울역에 갔어요. 서울역에서 4호선을 타고 사당역에 가서 2호선으로 갈아타고 강남역에서 내렸어요. 저녁에는 택시를 타고 집에 가려고 해요.

어휘 색인

1과

가깝다	13, 14
괜찮다	12, 16
귀엽다	12
기쁘다	12
길다	12, 14, 18, 19, 20, 28
깨끗하다	13, 14
나쁘다	12, 14
날씬하다	13
낮다	13
넓다	13
놀다	14, 18, 19, 28
높다	13
더럽다	13, 14
똑똑하다	12
뚱뚱하다	13
만들다	14, 18, 19, 20
많다	13, 14, 16, 17
맛없다	13
맛있다	13
멀다	13, 14, 18, 20, 28
멋있다	12
무슨	14, 27
바쁘다	12
발표	11, 14, 15, 16, 28
보통	14, 21, 23, 26
비싸다	13, 14
성공하다	14
쉽다	12, 14, 16
슬프다	12
심심하다	12
싸다	13, 14
어렵다	12, 14, 16
열다	14, 18, 19, 20, 28
예쁘다	12
작다	13, 14
재미없다	13
재미있다	13, 16, 17
적다	13, 14
좁다	13
좋다	12, 14, 16
중요하다	12, 16
짧다	12, 14
창문	14
크다	13, 14
팔다	14, 18, 19, 28
피곤하다	12
필요하다	14, 16
한가하다	12
행복하다	12, 16
회의	11, 14
힘들다	12, 18, 19, 28

2과

가방	32, 34, 38, 39
가방을 들다	32
가방을 메다	32, 38
갈색	33, 38, 39
검은색	33
곧	34, 42

구두	33
귀걸이	32, 33, 34, 38
귀걸이를 하다	32, 38
까만색	33, 38, 39, 44
끝내다	34, 40
끼다	32, 38, 46
남방	33
노란색	33
들다	32
떨다	34
렌즈	33
메다	32, 38
모자	32, 33, 34, 38, 39
모자를 쓰다	32, 38
목걸이	32, 33, 34, 38
목걸이를 하다	32, 38
목도리	32, 33, 34, 38
목도리를 하다	32, 38
몰라요	34, 41
바지	32, 33, 34, 38, 39
바지를 입다	32, 38
반지	32, 33, 34, 38
반지를 끼다	32
벗다	34, 38
베이지색	33
벨트	33. 38
별일이 있다/없다	34
보라색	33, 39
부츠	33
분홍색	33
빨간색	33, 38
빼다	34, 38
선글라스	33
수다	34
스웨터	33
시작하다	34, 40
신다	32, 38, 46
신발	32, 34, 38, 39
신발을 신다	32, 38
쓰다	32, 38, 46
안경	32, 33, 34, 44
안경을 끼다	32
약속	34, 42
약속이 있다/없다	34
양말	33
어떻다	34
우산	33, 40
운동화	33, 38
일이 있다/없다	34
입다	32, 36, 38, 46
자켓	33
장갑	32, 33, 34, 38
장갑을 끼다	32, 38
주황색	33
초록색	33
치마	32, 33, 34, 38
치마를 입다	32, 38
친구(들)	34, 40, 42, 44, 45
친구들과 수다 떨다	34
티셔츠	33, 34, 38, 39, 44
파란색	33, 38, 39
팔찌	33
풀다	34, 38
핑크색	33
하다	32, 38, 46
하얀색	33, 39
회색	33
흰색	33, 38

색인

3과

계속하다	50, 52
공연장	51, 62
구경하다	50
그만두다	50
기쁘다	53, 65
나가다	50
남자친구를 사귀다	50
(소리를) 낮추다	50, 52
너무	51, 53, 54, 55, 57
노래방	51, 61
녹차	51, 62
(소리를) 높이다	50, 52
담배를 피우다	50, 59
다	51
더	50
돈	51, 63
(방에) 들어가다	50, 59, 60
만약에	51, 57
멈추다	50, 52
문을 열다	51
미술관	51
박물관	51, 60, 62
(전화를) 받다	50
배가 고프다	51
빨리	51, 57
사용하다	50
사진을 찍다	50, 59
수업을 마치다	50, 59
수업을 시작하다	50, 59
슬프다	53, 65
쓰다	50
아르바이트를 하다	50
아프다	51, 53, 65
앉다	51, 59
어서	51, 60
여기저기	51, 62
여자친구를 사귀다	50
여행을 가다(하다)	50, 52
연애하다	50, 56
유명하다	51
자리	51, 58
제주도	51, 62
졸리다	50
주말	51, 52, 55, 57, 61
평일	51, 52, 57
한국 친구를 사귀다	50, 56
화장실	51, 55, 58, 59, 60
흑돼지	51, 62

4과

PC 방	69
게임하다	68, 73, 74
(가격을) 깎다	69
골프를 치다	68
노래(를) 하다	68
노래방	69
농구 경기를 보다	69
농구(를) 하다	68, 72
당구를 치다	68
맛집을 찾다	69
모닝콜을 하다	69
모임에 가다	69
배구(를) 하다	68
배드민턴을 치다	68, 73, 78
부탁하다	69
브이로그를 찍다	69, 73

빌리다	69	내일	87
생일	69, 79	년	86
선물을 주다	69, 79, 81	늦잠	86, 88
수영장	69, 80	다음 달	86
수영하다	68, 74, 79	다음 주	87
스케이트 보드를 타다	68, 76	많이	86
스키를 타다	68, 72, 73, 80	명동	86, 90, 95
스키장	69	모레	87
아침에 일어나다	69, 80	목요일	87, 95, 97
야구 경기를 보다	69, 72	미래	86
야구(를) 하다	68	방학	86, 89, 90, 94, 96
오토바이를 타다	68	배	86, 87, 92, 96
운동(을) 하다	68, 74, 80	배고프다	86, 91, 92
운전하다	68, 73, 75, 76, 79	병원	86, 92
자동차를 타다	68	비행기표	86
자전거를 타다	68, 71, 73	생일을 축하하다	86
축구 경기를 보다	69	선물을 받다	86
축구(를) 하다	68, 71	수요일	87, 95, 97
취미	67, 68, 69	약	86
케이크	69	어제	85, 87, 88, 89, 90, 94, 95, 96, 97
테니스를 치다	68	예전(에)	86
피아노를 치다	68, 72	오늘	85, 87, 88, 93
헬스장	69, 80	오래	86
		올해	86
		왜	85, 86, 88, 91, 93, 94
		월	85, 86

5과

		월요일	87, 95, 97
가족	86, 90	이번 달	86
고향	86, 90, 93, 96	이번 주	87
과거	85, 86, 88, 89, 98	일	86
그저께	87	일요일	87
금요일	87, 95, 97	작년	90, 96
기분이 나쁘다	86, 96	지각하다	86
기분이 좋다	86, 93, 96	지난달	93
내년	86	지난주	87, 89, 90, 96, 97

색인

토요일	87, 95
학기	86
현재	86
화요일	87, 95, 97

6과

가을	102, 114
가져가다	103
감기에 걸리다	103, 115
겨울	102, 114
계절	101, 102, 117
꽃이 지다	103
꽃이 피다	103. 114
낙엽이 지다	103, 114
날씨	101, 102, 103, 104, 106, 107, 113, 115, 117
날씨가 맑다	102, 103
날씨가 흐리다	102
눈사람	103
눈이 그치다	102
눈이 내리다	102
눈이 오다	102, 115
덥다	102, 103, 105
따뜻하다	102, 103
딸	103, 113
맵다	103, 105, 108
무겁다	103, 105
무섭다	103
바다	103, 107, 114
바람이 불다	102
(음식을) 배달하다	103, 116
봄	102, 114
부산	103, 114
부침개	103, 107, 108

비가 그치다	102
비가 내리다	102, 103
비가 오다	102, 104, 107, 108, 109, 114, 115
살이 찌다	103
세수하다	103
시원하다	102
시험을 못 보다	103
시험을 보다	103
시험을 잘 보다	103
쌀쌀하다	102
여름	102, 114
우산	102, 103
음식	103, 107, 112, 116
일기예보	102
장마	102
장학금	103, 113
(음식을) 주문하다	103, 116
춥다	102, 105, 107
한복	103, 109
휴가	103, 106

7과

가위	120
공포 영화	121, 128
늦다	121
단발 머리	120
머리	119, 120, 121, 123, 124, 129, 131, 132, 133
머리를 감다	120, 131
머리를 기르다	120
머리를 깎다	120
머리를 말리다	120, 123
머리를 빗다	120, 131
머리를 자르다	120, 121, 129, 131, 132

머리카락	120, 121	댁	137, 138
목표를 이루다	121, 130	돌아가시다	137
미용사	121, 132	드리다	137, 138
미용실	120	드시다	137, 138
미용실에 가다	119, 125, 131	마흔	141
빗	120	말씀	137, 138
빨리	121, 128	뵈다	137, 138
샴푸	120, 128	뵙다	137, 138
소포를 보내다	121	부모님	136, 139
스포츠 머리	120	분	137, 138, 139, 141
쓰다(사용하다, 모자/책을 쓰다)	121	생신	137, 138, 144
약국	121, 125, 127	서른	140, 141
약속	121, 128	성함	137, 138, 140, 146
약을 사다	121	쉰	139
염색(을) 하다	120, 123, 125, 126, 129, 131, 132	아버지(=아빠)	136, 137, 141, 143, 144, 145
이발소	120	어머니(=엄마)	136, 139, 141, 142, 144, 145, 146
질문하다	121	언니	136
찾다	121, 123	여동생	136, 145
책을 빌리다	121	여자	136
친구를 만들다	121	연세	137, 138, 139, 140
친구를 사귀다	121	오빠	136
파마 머리(펌)	120	외할머니	136, 143
파마(를) 하다	120, 123, 125, 126, 131	외할아버지	136, 143
편지를 보내다	121	있으시다	137, 138
헤어 드라이기	120	주무시다	137, 138
		주시다	137
		진지	137, 138
		편찮으시다	137, 138

8과

가족	135, 136, 142, 144, 145, 146, 147, 148	할머니	136, 139, 141, 144
계시다	137, 138	할아버지	136, 141, 142, 143, 145, 146
나	136, 140, 141, 142	형	136, 145
남동생	136, 145		
남자	136		
누나	136, 145		

색인

9과

감기에 걸리다	152, 159, 161
귀	152
기침을 하다	152, 163
내과	153, 163
눈	152, 153
다리	152, 153, 156, 160, 161
다치다	152, 153, 154
링거 맞다	154
만지다	154, 162
머리	152, 153, 154
멍이 들다	153
목	152, 153
몸살이 나다	152
발	152
발목을 삐끗하다	152, 153
빨리	154, 156
뼈가 부러지다	152, 153
산부인과	153
상처가 나다	152, 153
설사가 나다	153
성형외과	153
소화가 안 되다	152
속이 안 좋다	152
손	152
손을 데다	152, 153, 164
쓰레기를 버리다	154, 162
아프다	152, 153, 160, 167
안과	153
약을(연고를) 바르다	154
열이 나다	152
이가 아프다	151, 153, 159, 163
이를 닦다	154, 163
이비인후과	153
임산부석	154, 161
입	152
정형외과	153
주사를 맞다	154
진단서	154
처방전	154, 159
치과	153
코	152
콧물이 나다	152
토하다	153
팔	152, 153
피가/코피가 나다	153
피부과	153

10과

갈아타다(=환승)	172
강남역	172, 182, 183
걸리다	172
경주	172, 184
광주	172, 184
구경하다	172, 181
기념품	172, 185
기차(KTX)	172
기차역	172
길을 건너다	172
나오다	172
내리다	172
대구	172, 178, 184
대전	172, 184
들어가다	172
먼저	172, 179
배	172
버스	172, 173, 176, 178

버스정류장	172
비행기	172, 178, 185
사거리	172, 174
사당역	172, 182, 183
서울	172, 178, 179, 182, 184
속초	172, 184
수원	172, 184
예약하다	172
오토바이	172
외국인등록증	172, 181
의과 대학	172, 181
이어폰	172, 181
인터넷	172, 181
자동차	172
자전거	172
재료	172, 175, 180
전동 킥보드	172
전주	172, 184
졸업하다	172
지하철	172, 174, 180, 181
쭉(=곧장)	172, 174
쯤	172, 178, 179, 182, 183, 185
타다	172
택시	172, 178

BASIC DAILY KOREAN 2 中文版

초판 인쇄	2025년 3월 5일
초판 발행	2025년 3월 10일
저자	권민지, 김소현, 이소현
감수	허용
편집	권이준, 김아영
펴낸이	엄태상
표지 디자인	공소라
내지 디자인	더블디앤스튜디오
조판	이서영
콘텐츠 제작	김선웅, 장형진
마케팅	이승욱, 왕성석, 노원준, 조성민, 이선민
경영기획	조성근, 최성훈, 김로은, 최수진, 오희연
물류	정종진, 윤덕현, 신승진, 구윤주
펴낸곳	한글파크
주소	서울시 종로구 자하문로 300 시사빌딩
주문 및 문의	1588-1582
팩스	0502-989-9592
홈페이지	http://www.sisabooks.com
이메일	book_korean@sisadream.com
등록일자	2000년 8월 17일
등록번호	제300-2014-90호

ISBN 979-11-6734-058-0 13710

*한글파크는 랭기지플러스의 임프린트사이며, 한국어 전문 서적 출판 브랜드입니다.
*이 책의 내용을 사전 허가 없이 전재하거나 복제할 경우 법적인 제재를 받게 됨을 알려 드립니다.
*잘못된 책은 구입하신 서점에서 교환해 드립니다.
*정가는 표지에 표시되어 있습니다.